지리와 지명의
세계사
도감

①

지도로
읽는다

지리와 지명의
세계사
도감

①

미야자키 마사카츠 지음
노은주 옮김

이다미디어

'지리'와 '지명'을 통해
땅의 세계사를 읽는다!

언젠가 한번은 지도 한 장 달랑 들고 지중해를 여행한 적이 있다. 누군가는 무모한 행동이라며 만류했지만, 막상 여행을 다녀오니 오히려 얻은 것이 많아서 지금까지도 최고의 선택이었다고 스스로를 칭찬하는 데 망설임이 없을 정도이다.

그러면서 지도 하나로 세계를 알 수 있는 방법이 있다면 얼마나 좋을까를 고민하게 되었고, 그 방법을 연구하기 시작했다. 그러다 보니 역사와 지리는 떼려야 뗄 수 없는 상관관계에 있고, 세계지도에 표시된 지명에도 숨은 역사가 있다는 사실을 알게 되었다. 더욱이 지금까지의 세계사와는 읽는 방식도, 이해하는 방식도 다른 생생한 지구의 역사를 보여줄 수 있다는 확신이 생겼다. 그래서 나는 '역사'와 '지리'와 '지명'을 알맞게 조리해서 누구나 쉽게 이해할 수 있는 세계사를 쓰기 시작한 것이다.

인간이 살고 있는 사회와 역사는 '생생하게' 살아 있다. 그렇기 때문에 19세기에 체계화된 유럽 중심의 세계사나 전통적인 중국제국사, 20세기를 지배한 미국 중심의 세계사를 가지고는 우리가 살고 있는 사회와 그 역사가 가슴 깊이 느껴지지 않는 것이다. 이제는 지금까지의 틀을 깨고 21세기의 시점으로 세계사를 바라보아야 한다.

이 책에서는 '지도'와 '지명'을 중심으로 역사를 바라보며, 인류 사회의 확대를 '지리적', '공간적'으로 크게 나누어 해설함으로써 기존의 세계사와는 다른 체계를 제시했다. 우선 여기에서 그 틀을 대충 살펴보기로 하겠다. 그러면 본문을 훨씬 쉽게 이해할 수 있을 것이다.

1단계 : 4대 문명의 탄생과 지중해로 확대되는 문명

아프리카를 시작으로 지구상에 널리 퍼진 인류는 오랜 시간에 걸쳐 다양한 지역과 풍토에 뿌리를 내리면서 여러 사회를 만들었다. 그리고 이런 다양한 사회는 다음과 같이 서로 뒤섞이는 과정을 겪는다.

먼저 사막 주변의 초원(스텝)에서 농업이 시작되며, 5000년 전에 유라시아 5대 하천 유역의 충적평야에 4대 문명이 형성되기 시작했다. 각 문명은 다음과 같이 확대된다.

1. 나일 강 유역의 '이집트 문명' → 지중해 동부로 파급
2. 티그리스 강, 유프라테스 강 남부의 '메소포타미아 문명' → 두

시리아 다마스커스의 우마이야 모스크, 요한의 머리가 발견되었다. ⓒ Theklan, W-C
시리아에서 가장 큰 이슬람교 대사원으로, 아랍권을 통틀어서 매우 크고 아름다운 사원
중 하나로 손꼽힌다. 이슬람제국의 첫 번째 왕조인 '우마이야 왕조'때 세운 이 대사원은
규모뿐만 아니라 사원 안팎을 장식하고 있는 모자이크 작품으로도 유명하다. 우마이야
대사원의 모자이크는 아랍 모자이크 예술의 백미라는 평이다.

　　　강의 북부 지방과 소아시아, 시리아, 이란 고원으로 파급

　　3. 인더스 강 유역의 '인더스 문명' → 갠지스 강과 남인도, 동아시

　　　아로 파급

　　4. 황하 유역의 '황하 문명' → 장강 유역과 몽골 고원, 한반도, 일

　　　본 열도, 베트남으로 파급

　　4대 문명 가운데 인더스 문명과 황하 문명은 각각 주변 지역이 대
산맥, 대사막, 초원 등으로 막혀 고립성이 강했다. 그에 반해 이집트

문명과 메소포타미아 문명은 두 문명 사이에 펼쳐진 사막 지대를 넘어서 '일체화'되는 방향으로 진행되었으며, 지중해 주변에 2차적인 '해양 문명(로마제국)'을 탄생시켰다.

그 결과 서아시아 지역에서 지중해에 이르는 넓은 공간에서 비로소 세계사로 부를 만한 역사가 최초로 시작되었다. 서아시아와 지중해 세계가 전반적인 인류 사회의 변화를 선도한 것이다.

2단계 : 유럽과 아시아의 중계무역으로 이슬람이 세계 주도

7세기가 되면서 서아시아와 지중해 남쪽 절반은 아라비아 반도에서 일어난 이슬람교도의 '대정복 운동'(민족 이동)에 의해 무너진다.

이에 따라 서아시아와 지중해 대부분은 이슬람제국이 지배했고, 지중해 북부만이 기독교도의 세계가 되었다. 즉, 서아시아와 지중해 남부의 이슬람 세계와, 지중해 북부의 기독교 세계로 '분열'된 것이다.

이 가운데 처음으로 세계사를 주도한 세력은 이슬람 세계였다.

7세기부터 8세기의 파상적인 '지하드(성전)'로 형성된 이슬람 세계는 이슬람화된 투르크인에 의해 중앙아시아의 초원과 실크로드, 그리고 북인도로 세력을 확장해나갔다. 그리고 중계무역을 하는 이슬람 상인의 활발한 활동으로 동남아시아와 인도양 주변의 해양 세계로 퍼졌으며, 더 나아가 베르베르인에 의해 사하라 사막 이남의 아프리카까지 확대되었다. 오늘날의 이슬람권은 이렇게 형성된 것이다.

또 이슬람제국은 상인의 사회적 지위가 높은 상업제국으로, 이슬람 상인들이 유라시아 규모의 대(大)상업 네트워크를 형성했기 때문에 '세계사'의 기반을 구축한 주역이 되었다. 유라시아 대부분을 지배한 몽골제국도 경제적인 면에서는 이슬람 상인의 도움을 받았는데, 만일 이슬람 상인의 도움을 받지 못했다면 몽골제국 자체가 성립될 수 없었다. 결국 몽골제국에 의해 이슬람 세계가 더 팽창했다고 간주해도 무리가 없다.

이처럼 이슬람 세계는 중앙아시아의 기마 유목민까지 자기의 세력권으로 끌어들이면서 유라시아의 대변동을 일으키는 동인으로 작용한다.

3단계 : 대항해 시대 이후 세계를 압도한 유럽의 팽창주의 시대

유럽 세계는 이슬람 세계에 한때 압도당했지만 대개간 운동과 십자군 운동 등으로 자립성을 강화해나갔다. 그리고 대항해 시대 이후 아메리카 대륙을 '제2의 유럽'으로 바꾸었을 뿐만 아니라, 지표면의 70%를 차지하는 대양(Ocean) 세계를 지배하는 대규모 네트워크를 만들었다.

19세기가 되면서 유럽 세계는 산업혁명으로 형성된 합리적인 사회 시스템, 철도와 증기선 등 운송수단의 발달과 강력한 무력을 배경으로 아시아와 아프리카, 태평양 해역으로 팽창해나갔다.

그 뒤에도 유럽과 아메리카 세계는 전력과 내연기관, 원자력, 컴퓨터와 기술혁신(이노베이션)을 계속해 인류 문명의 발달을 이끄는 견인차 역할을 하고 있다.

4단계 : 변화를 강요받은 중국과 인도 등 '전통 세계'

한편, 중국과 인도 등 전통적인 시스템을 유지해온 동아시아 세계는 이곳으로 진출한 유럽 세력의 식민지로 전락하는 등 매우 큰 영향을 받았다. 그러다가 20세기 전반에 발생한 세계대전과 민족주의 운동 등의 변혁기를 거치면서 자립성을 갖춘 세계로 재편되었다. 또 동남아시아 등의 세계도 독자성을 유지하면서 재건의 길을 모색하고 있다.

이런 틀은 다음과 같은 두 개의 움직임으로 단순화할 수 있다.

1. 역사를 움직인 세계의 흐름 : 소아시아와 지중해 → 이슬람 세
   계(몽골제국을 포함) → 유럽과 아메리카 세계
2. 지속성이 강한 세계의 세력권 : 재편된 이슬람 세계와 인도 세
   계, 동아시아 세계

이 두 개의 움직임을 알아두면 역사의 흐름뿐만 아니라 오늘날 세
계의 여러 일들도 쉽게 이해할 수 있다.

이 책에서는 위와 같은 시각을 바탕으로 세계 여러 지역을 살펴봤
으며, 이를 통해 유사 이래 오늘날까지 이어지는 세계사의 움직임을
개관해보았다. 주로 지도를 중심으로 설명했고, 지명에 대해서는 인
류의 발전과 이동을 이해하는 범위 내에서 그 유래와 의미를 제시했
다.

오늘날 세계는 1970년대 이후 정보혁명과 첨단 기술 덕분에 전 세
계가 하나로 연결되는 과정에 있다. 그렇다면 이것은 '광의의 유럽'
이 지구화되어가는 과정일까? '미국 문명'의 세계화일까? 아니면
'전통 세계'가 첨단 기술을 도입하면서 새로운 세계사를 주도적으로
전개해나가는 과정일까?

현 단계에서는 확실한 답을 제시할 수가 없다. 왜냐하면 현재 지구
촌 전체가 극심한 변화를 겪고 있는 과도기이기 때문이다. 교착 상태
에 빠진 이라크를 비롯한 중동 문제와, 모순을 안고 있으면서도 경제

성장을 통해 G2로 부상한 중국을 보면 세계의 문제가 쉽게 풀기 힘든 얽히고설킨 실타래임을 알 수 있을 것이다. 그러므로 일반적으로 말하는 것처럼 세계화가 단순히 미국화의 방향으로 가고 있다고 단정 지어 말하기도 힘들다.

지금 전 세계에서 일어나고 있는 다양한 문제의 본질적인 원인은 세계사 속에서 읽어낼 수 있을 것이다. 독자들이 이 책을 통해 지금까지 알지 못했던 역사의 배경과 문제를 파악하는 시각과 능력을 키울 수 있다면 더 바랄 것이 없겠다.

미야자키 마사카츠

2장 · 유라시아를 지배한 이슬람제국과 몽골제국

5장 · 바다로 육지로! 러시아의 영토 확장

2권 차례

1장 · 남북 아메리카는 '제2의 유럽'으로 개조

4장 · 해양으로 연결된 인도 세계와 동남아

5장 · 팽창하는 중화 세계, 국가인가 문명인가?

서장

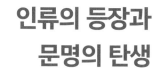

인류의 등장과
문명의 탄생

인류는 아프리카 대지의
틈바구니에서 시작되었다!

인류의 출발점은 동아프리카의 '아프리카 대지구대'

당신은 인류의 고향이 어디인지 알고 있는가? 그곳은 바로 동아프리카에 있는 '아프리카 대지구대(大地溝帶 : Rift Valley)'라고 불리는 지역이다.

이곳에서 500만 년 전 화석 인골이 발굴되면서 가장 오래된 인류의 조상이 모습을 드러냈다. 화석 인골은 에티오피아와 탄자니아에서 발굴되었는데, 이 사실로 미루어 최초의 인류가 살았던 지역도 이곳으로 추정된다. 이 화석 인골은 오스트랄로피테쿠스(Australopithecus : 남쪽의 원숭이)'로 이들의 척추와 골반, 하지 등의 형태를 보면 이들이 직립 보행했음을 알 수 있다. 그래서 이들을 가장 오래된 인류의 조상으로 간주한다.

이런 화석 인골이 많이 발견되는 지역이 바로 '그레이트 리프트 밸리(Great Rift Valley)'라고 불리는 아프리카 대지구대인 것이다. 이곳은 깊게 파인 땅이 줄지어 늘어선 곳으로, 그 갈라진 폭이 30킬로미터에서 60킬로미터나 되며, 가장 높은 곳과 낮은 곳의 차이는 1,000미터나 된다. 한마디로 '지구의 갈라진 곳'이라고 할 수 있다. 대륙이 갈라지면서 플레이트(plate ; 지구의 겉부분을 둘러싸는 두께 100킬로미터 안팎의 암판(巖板). 현재의 지구는 크고 작은 10여 개의 판이 모자이크 모양을 이루고 있다 - 역주)로 나뉠 때 형성된 이곳은 아프리카에서 홍해를 거쳐 시리아의 요르단(Jordan) 강까지 이어져 있다. 남북의 길이는 약 6,400킬로미터이며, 모잠비크(Mozambique)에 있는 잠베지(Zambezi) 강 하구에서 인도양 쪽으로 뻗어 있다.

아프리카는 전체 면적 중 60퍼센트가 해발 500미터 이상의 고지대이기에 '아프리카 플레이트'라고도 불린다. 바로 이곳 동부에 지구의 거대한 '균열'이 존재하는 것이다.

그 균열, 즉 '아프리카 대지구대'는 지금으로부터 약 2600만 년 전에 형성되기 시작했다. 또 이곳에는 아프리카에서 가장 큰 빅토리아(Victoria) 호와 두 번째로 큰 탕가니카(Tanganyika) 호가 있는데, 특히 탕가니카 호의 가장 깊은 곳의 수심은 1,471미터로 러시아의 바이칼(Baikal) 호 다음으로 깊다. 이 밖에도 이곳에는 니아사(Nyasa) 호와 앨버트(Albert) 호처럼 수심이 깊은 호수들이 많이 산재해 있으며 자연도 매우 아름답다.

우주에서 바라본 탕가니카 호. 세계에서 두 번째로 깊은 담수호로, 아프리카 대지구대의 서쪽 기슭에 있다. 1985년, **NASA**

두 다리로 걷기 시작한 최초의 인류, '루시'

당시 원숭이들은 대지구대의 나무 위에서 생활했다. 그런데 날씨가 점차 건조해지면서 열대우림이 사라지자 그들은 생활할 터전을 잃었다. 따라서 결국 땅 위에서 두 다리로 서서 생활하기 시작했는데, 이것이 인류의 첫걸음이다. 그리고 이들이 직립 보행을 하기 시작하면서 사용하지 않게 된 앞다리는 다양한 도구를 만드는 '손'으로 진화했다.

1974년 에티오피아 아파르(Apar) 지구에서 여성 화석골이 발굴되었다. 이 화석은 나이가 25세에서 30세, 신장은 1미터 정도로 추정된

인류의 조상이 탄생한 '동아프리카 지구대'

세계에서 가장 넓은 사막으로 250만 년 전에 생겨났으며, 아프리카 북부의 대부분을 차지하고 있다. 비옥한 땅이었으나 4300년 전부터 건조화가 진행되면서 황폐한 땅이 되었다. 동서로 약 5,600㎞, 남북으로 약 1,700㎞에 이른다.

흑해

터키

지중해

사우디아라비아

아틀라스 산맥

알제리

사하라 사막

리비아

이집트

나일 강

리비아 사막

이집트의 나일 강에서 리비아, 수단에 걸쳐 있는 사하라 사막 동부의 사막이다.

수단

백나일 강

아파르

홍해

아덴 만

에티오피아

니제르 강

베누에 강

세계 두 번째의 열대우림 지역이 있으며, 아프리카 야생생물의 낙원이다.

콩고 분지

자이르 강

빅토리아 호

탕가니카 호

인도양

대서양

니아사 호

1974년, 에티오피아 아파르에서 루시가 발견되었다.

마다가스카르

남아프리카

드라켄즈버그 산맥

동아프리카 지구대

동아프리카 지구대(The Great Rift Valley)는 서남아시아의 시리아에서 동아프리카의 모잠비크까지 이어져 있으며, 아프리카 쪽의 총 길이만 5,000km에 달한다. 인류의 조상이라는 화석들이 많이 발견된 곳으로 '루시'라는 오스트랄로피테쿠스 아파렌시스 화석도 이 지역에서 발견되었다. 흔히 인류의 고향, 인류의 원천이라고 불리기도 한다.

다. 당시 발굴대가 즐겨 듣던 비틀스(Beatles)의 노래 '루시 인 더 스카이 위드 다이아몬드(Lucy in the sky with diamonds)'에서 따와 '루시'라고 명명되었다.

그로부터 4년 뒤, 이 지점에서 남쪽으로 1,500킬로미터 떨어진 탄자니아의 라에트리에서 350만 년 전의 것으로 보이는 화석들이 발굴되었다. 약 25미터에 걸쳐 드문드문 놓여 있는 이 화석이 발굴됨으로써 직립 보행을 하는 인류가 이 시기에 나타났다는 확실한 증거를 발견한 것이다.

비틀스의 노래처럼 '루시가 다이아몬드를 품에 안고' 있었던 것은 아니지만, 인류 탄생과 연관이 있는 대지각 변동과 아프리카에서 대량으로 산출되는 다이아몬드는 깊은 상관관계가 있다. 지각이 변동하면서 생긴 '대지의 균열'을 통해 다이아몬드를 포함한 화성암이 지표로 올라왔기 때문이다. 지금도 '아프리카 대지구대'는 1년에 3밀리미터 정도 동서로 계속 늘어나고 있다.

현재까지 발굴된 260만 년 전의 화석 인골의 치아와 턱의 특색, 뇌의 크기를 보면 최초의 인류 '오스트랄로피테쿠스'가 네 종류로 분화했다는 사실을 알 수 있다. 그리고 200만 년 전, 인류는 동아프리카 각지에서 출토된 최초의 도구인 냇돌석기를 사용했는데, DNA를 비교 연구한 결과 유인원(침팬지, 고릴라)과 인간의 조상이 분리되는 것도 거의 이 시기인 것으로 보인다.

호모 에렉투스가 아프리카에서 아시아로 이동 시작

약 180만 년 전 동아프리카에는 오스트랄로피테쿠스의 뒤를 이어 큰 뇌와 작은 치아를 가진 호모 에렉투스(직립인)라는 인류가 나타났다. 약 170만 년 전에 존재한 것으로 추정되는 호모 에렉투스의 두개골이 흑해와 카스피(Caspian) 해 사이에 위치한 조지아(Georgia) 지방에서 발굴되었다. 이를 통해 호모 에렉투스들이 아프리카에서 아시아로 이동하기 시작했다는 사실을 알 수 있다. 인류가 최초로 탄생한

해골전시관, 2010년, © SkImsta, 미국 오클라호마 뼈 과학박물관, W-C

인류의 조상은 언제 어디로 이동했는가?

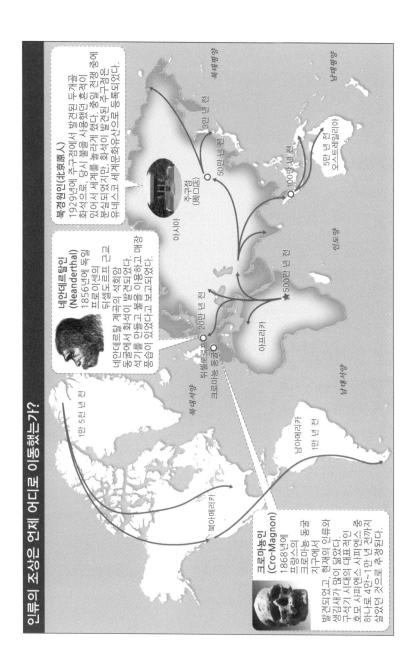

베이징원인(北京原人)
1929년에 주구점에서 발견된 두개골 화석으로, 당시 불을 사용했던 흔적이 있어서 세계를 놀라게 했다. 중일 전쟁 중에 분실되었지만, 발견된 화석이 많고 주구점은 유네스코 세계문화유산으로 등록되었다.

네안데르탈인(Neanderthal)
1856년에 독일 뒤셀도르프 근교 네안데르탈 계곡의 석회암 동굴에서 화석이 발견되었다. 네안데르탈인은 화석을 만들고 불을 이용하고 매장 풍습이 있었다고 보고 있다.

크로마뇽인(Cro-Magnon)
1868년에 프랑스의 크로마뇽 동굴 지구에서 발견되었고, 현재의 인류와 생김새가 많이 닮았다. 구석기 시대의 대표적인 호모 사피엔스 사피엔스 중 하나로 4만~1만 년 전까지 살았던 것으로 추정된다.

북극해양
북태평양
남태평양
주구점(周口店)
3만 년 전
50만 년 전
100만 년 전
500만 년 전
20만 년 전
5만 년 전 오스트레일리아
아시아
인도양
아프리카
남대서양
북대서양
1만 5천 년 전
남아메리카
1만 년 전
북아메리카
뒤셀도르프
크로마뇽동굴

'아프리카 대지구대'가 아시아와 연결되어 있었기 때문에 이는 어쩌면 당연한 일인지도 모르겠다.

그 뒤를 이어 지금으로부터 120만 년 전부터 70만 년 전까지 생존했던 피테칸트로푸스(Java猿人 : 자바원인)의 화석이 자바 섬 트리닐(Trinil)에서 발굴되고, 50만 년 전에 생존했을 것으로 추정되는 시난트로푸스(北京原人 : 북경원인) 화석이 북경 교외의 주구점(周口店) 화석 동굴에서 발견되었다. 이로써 인류가 약 100만 년 전에는 유라시아 대륙의 열대와 아열대로 확산되었고, 50만 년 전에는 온대 지역으로도 확산되었다는 사실을 알 수 있다.

그리고 30만 년에서 20만 년 전에는 구인(舊人)이 등장한다. 이 최초의 구인 화석은 독일 뒤셀도르프 근교의 네안데르탈 협곡에서 발견되었기 때문에 '네안데르탈인(Neanderthal man)'이라고도 부른다. 네안데르탈인은 10만 년 전부터 4만 년 전까지 서아시아와 유럽에 널리 분포되어 살았다.

또 약 4만 년 전에는 크로마뇽인(Cro-Magnon man) 등 현재 인류와 직접 연결되는 인류의 조상, 즉 신인(新人 : 호모 사피엔스 사피엔스)이 각지에 출현해 다양한 '인종'으로 분화되면서 지구 전체로 확산된다. 이들은 뇌가 발달하면서 후두부가 커졌고, 반대로 얼굴과 치아는 작아졌다. 또 작아진 아래턱뼈로 인해 '언어 능력'이 발달했다.

인류의 조상이 호주에 도달한 것은 약 5만 년 전이고, 남미 신대륙 남단에 도달한 것은 약 1만 년 전이다.

아프리카에서 발견된 현대인의 탄생 비밀

구인(舊人)에서 신인(新人)으로 진화한 과정에는 두 가지 설이 있다.

① 아프리카를 떠나 각지에 정착한 호모 에렉투스가 각지에서 구인과 신인으로 연속적으로 진화했다는 설이다.

② 아프리카에서 출현한 신인이 9만 년 정도 전에 아프리카를 나와 유라시아 각지로 확산됐다는 설이다.

재미있는 일은 초기 인류의 경우 여성과 남성의 체격이 극단적으로 달랐다는 사실이다. 여성의 신장은 0.9~1.2미터, 체중은 27~32킬로그램으로, 신장이 1.5미터 이상이고 체중이 약 68킬로그램이던 남성에 비해 극단적으로 작았다.

네안데르탈인의 화석을 최초로 발견한 독일의 생물학자이자 교사인 요한 카를 플로트

사막에서 초원으로 이동해 곡물 재배로 농사를 시작

남회귀선과 북회귀선을 따라 광대한 사막 지대 형성

약 500만 년 전 처음으로 모습을 드러낸 인류는 네 차례에 걸친 빙하기와 급변하는 기후 속에서도 끈질긴 생명력으로 살아남아 대륙 곳곳으로 번성해나갔다.

하지만 약 1만 년 전, 마지막 빙하기가 끝나고 지구가 따뜻해지면서 인류에게 위기가 닥쳐왔다. 바로 기후가 건조해지면서 사막이 형성된 것이다. 지구는 빠른 속도로 자전하면서 거대한 공기 '소용돌이'를 일으켰고, 이로 말미암아 광대한 사막 지대가 형성되었다.

기온이 높은 적도 부근에서 강한 상승기류가 발생하면 공기가 상공 10킬로미터 정도까지 상승한다. 그런데 이 공기는 높은 곳에서 냉각되는 동시에 수분을 잃어버리고, 지구의 자전을 따라 남북으로 이

전 세계에 펼쳐진 사막과 건조 지대

사막과 건조 지대

사막과 건조 지대는 강우량이나 강설량이 거의 없는 생태계이다. 이런 건조 지대는 전 세계 지형의 약 40%를 차지하고 있으며, 경작지와 목초지, 사바나, 사막 등 건조한 환경에 사는 사람은 20억 명 정도이다. (2011년 유엔 환경관리그룹 보고서 기준)

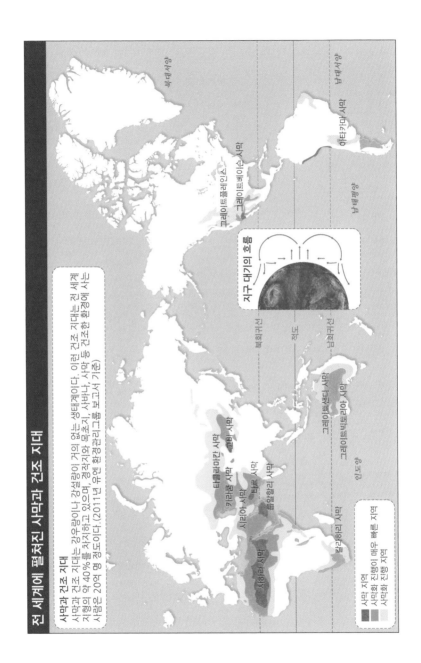

북대서양

이누이트 공동체

그린란드

북태평양

그레이트플레인스

그레이트케이오스 사막

알래스카

캐나다

지구 대기의 흐름

북회귀선

적도

남회귀선

사하라 사막

시리아 사막

카라쿰 사막

타클라마칸 사막

고비 사막

타르 사막

룹알할리 사막

칼라하리 사막

남극대륙데이비스 기지

인도양

사막 지역

사막화 진행이 매우 빠른 지역

사막화 진행 지역

동하다가 남회귀선과 북회귀선 부근으로 내려온다. 이 차갑고 건조해진 공기가 다시 지상에 있는 수분을 흡수하게 되고, 이 때문에 남회귀선과 북회귀선(열대 북쪽 한계선)을 따라 광대한 사막이 생성된다.

즉, 대류권에서의 공기 순환으로 인해 광대한 사막 지대가 형성된 것이다.

남반구는 북반구와 달리 바다가 많은데도 남회귀선(남위 23도 부근)을 따라 사막 지대가 펼쳐져 있다. 이 지역은 연간 강우량이 250밀리미터도 채 안 되는 건조한 지역으로, 강우량보다도 증발량이 더 많기 때문에 인류가 생활하기에는 더없이 열악하다. 현재 존재하는 사막의 다양한 종류에 대해 알아보자.

① 대서양에서 시작해 이라크까지 이르는 대사막 지대는 아프리카 대륙의 3분의 1을 차지하는 '사하라(Sahara) 사막'과, 아라비아 반도의 3분의 1을 차지하는 '룹알할리(Rub'al-Khali) 사막', 그리고 '시리아(Syrian) 사막'으로 나눌 수 있다. 이들 지역은 과거에는 넓은 초원과 비옥한 땅으로 수많은 동식물의 낙원이었으나 현재에는 불모의 땅이 되었다.

② 인도 북서부에서 파키스탄 동부에 걸쳐 형성되어 있는 '타르(Thar) 사막'은 길이 800킬로미터, 폭 490킬로미터의 거대한 사막이다. 이 사막은 인더스 강과 접하고 있으며, 주로 모래 언덕으로 구성되어 있다. 곳곳에 관목군이 자란다.

③ 중국의 황토 지대와 인접한 사막 지대는 북위 49도에 위치해 위

도가 상당히 높다. 게다가 이 지역은 대륙성 기후이기 때문에 대기 중에 수증기와 강수량이 적어 사막이 형성되기 쉽다. 이렇게 만들어진 사막이 바로 '타클라마칸(TaklaMakan) 사막'과 '고비(Gobi) 사막'이다. 동부 해발 900미터, 서부 해발 1,500미터의 고원 지대에 자리한 고비 사막은 모래와 자갈로 이루어져 있으며 드문드문 풀이 발견될 뿐이다.

초원을 불태워 작물을 재배하는 '화전 농업'을 시작

인류는 사막에서 생활할 수 없었기 때문에, 건조한 기후 속에서도 식물이 자라는 사막 주변의 스텝 지역으로 이주했다.

스텝이란 연간 강수량이 350~400밀리미터이고, 길이가 50센티미터 이하의 풀로 뒤덮인 초원을 말하는데, 인류가 이곳으로 이주한 것은 1만 년 전인 것으로 추정된다. 한편 이 시기에 지구 전체에 살던 인구는 약 500만 명 정도로 추정되며, 인류가 이 스텝 지역에서 '농지'를 개간해 야생 보리 같은 볏과(科) 식물을 재배하면서 새로운 사회가 출현했다고 본다.

인류가 농지를 개간하여 볏과 식물을 재배한 것은 극심한 자연 변화를 극복하기 위한 어쩔 수 없는 '대응'이었다. 또한 인류는 초원을 불태운 뒤 타고 남은 재를 비료로 사용해 작물을 재배하는 '화전 농업'을 시작했다. 인류는 이런 화전 농업을 통해서 좁은 면적의 토지에서 많은 식량을 얻을 수 있었기 때문에 기아 등 생존 위기에서 벗어날 수 있었다. 게다가 스텝 지역은 생산성이 높았기 때문에 다른 지역을 압도하는 인류의 생활 공간으로 발달했다.

하지만 이곳에서 수확한 곡물이 단단하여 쉽게 먹을 수 없자 이들은 토기에 곡물을 넣고 끓이는 요리법을 생각해냈다(요리혁명). 또 농사를 짓기 위해 농지를 개간했고, 곡물을 수확하기 위해 새로운 도구(신석기)를 만들었으며, 집단노동의 필요에 의해 새로운 사회 조직을 출현시켰다. 이처럼 농업이 시작되면서 일어난 다양한 사회 변화를 통틀어 '식량생산혁명'이라고 한다.

농지는 인간이 관리하는 반자연공간(인간권)으로서 인류사를 움직이는 활력이 넘치는 공간이 되었다. 이후 인류의 역사는 농지를 중심으로 이루어졌고, 이것은 '인간권'의 확대로 이어졌다.

큰 강 유역의 충적평야에서 정착 생활을 하며 문명 발전

강 하류의 충적평야가 인류의 새로운 무대가 되었다

농업이 시작되고 수천 년이 지나자 인구가 서서히 증가하기 시작했다. 사람들은 농업에 필요한 '물'을 찾아 이곳저곳으로 이주하다가 이윽고 스텝과 반사막 지대를 벗어나 큰 하천 유역에 모여 살게 되었다. 이곳은 강 상류에서 흘러온 토사가 쌓여 충적평야가 넓게 형성되어 있었는데, 바로 이곳이 인류의 새로운 무대가 되었다.

이 시기부터 인류는 더 이상 다른 곳으로 이주하지 않은 채 지금까지 계속 충적평야에서 살고 있다. 현재 지구상에 있는 충적평야 대부분은 살고 있는 인구가 모두 초과밀 상태이다.

이렇게 인류가 큰 강 유역에 모여 살게 되면서 하천을 주변으로 여러 문명이 형성되었다. 특히 이들 문명에 '물'은 생명의 근원이며, 재생의 매개체이자 정화의 수단이었다. 그리고 그들은 이 '물'을 적절하게 조절할 수 있어야만 충적평야에 대농경 사회를 건설할 수 있었다. 왜냐하면 '물'을 풍부하게 댈 수 있는 토지 대부분은 홍수의 위험이 있거나 습지대였으며, 역병이 유행하는 등 문제가 많았기 때문이다. 사람들은 이 문제를 극복하기 위해 공동으로 '제방'이나 '수로' 등을 건설해 농토에 물을 공급하는 관개 농업을 시작했다. 이처럼 사람들이 충적평야를 대규모로 개발하면서 인류 사회는 폭발적인 규모로 확대되었다.

도시의 출현 이후 생긴 복잡한 문화가 바로 '문명'이다

인류는 토지를 개척하여 자신들에게 유용하게 만들기 위해 '개발'을 시작했다. 우선 체계적으로 개발하려면 이를 지휘할 수 있는 중심지(센터)가 필요했는데, 이 가운데 특수한 취락(사람들이 집단으로 모여 사는 곳)의 형태가 '도시'로 성장했다. 이렇게 만들어진 도시에서 많은 사람들은 조직을 만들어 농지를 넓혔고, 동과 청동기, 도구와 문자를 만들었다. 이 외에 취락을 지배하는 시스템을 구축했다. 이것이 바로 '도시혁명'이다. 참고로 도시가 출현한 이후에 생긴 복잡한 '문화(culture)'를 '문명(civilization)'이라고도 한다.

도시는 개발에 대한 공헌과 치안 유지, 도구 제조, 교역 중개 등의 대가로 여러 취락에 부담(세금)을 요구했다. 그 후 도시를 센터로 하여 지방의 취락을 연결하는 네트워크(도로, 수로, 인적 결합)가 정비되

인류의 문명이 시작한 4대 중적평야

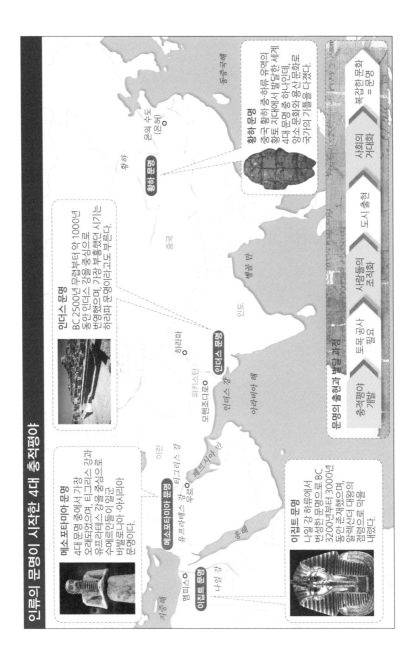

황하 문명
중국 황하 중·하류 유역의 황토 지대에서 발달한 세계 4대 문명 중 하나인데, 앙소 문화와 용산 문화로 국가의 기틀을 다졌다.

인더스 문명
BC 2500년 무렵부터 약 1000년 동안 인더스 강을 중심으로 번영했으며, 가장 부흥했던 시기는 하라파 문명이라고도 부른다.

메소포타미아 문명
4대 문명 중에서 가장 오래되었으며, 티그리스 강과 유프라테스 강을 중심으로 수메르인들이 일군 바빌로니아·아시리아 문명이다.

이집트 문명
나일 강 하류에서 번성한 문명으로 BC 3200년부터 3000년 동안 존재했으며, 왕(파라오)가 대왕의 정점으로 막을 내렸다.

문명의 출현과 발달 과정

축적평야 개발 → 토목 공사 필요 → 사람들의 조직화 → 도시 출현 → 사회의 거대화 → 복잡한 문화 = 문명었는데, 이는 식량을 스스로 생산하지 못하는 도시가 여러 서비스를 제공하는 대가로 지방에서 안정적으로 식량을 획득하는 시스템이기도 했다.

도시는 종교와 법률, 군대, 관료제 등을 통해 지방을 지배하는 질서를 창출했고, 대신 안정적으로 식량을 공급받게 된다. 이리하여 완성된 것이 바로 '국가'이다.

인류가 5대 하천의 충적평야에서 발전시킨 '4대 문명'

'문명'이 가장 먼저 출현한 지역은 지구상의 5대 하천 유역에 펼쳐진 충적평야 네 곳이었다. 이처럼 4대 문명이 탄생한 이들 네 지역은 인류의 역사를 크게 변화시킨 지역으로, 인류사의 '핵심 지역'이라고 부른다.

① **이집트** : 적도 부근의 루웬조리(Ruwenzori) 산에서 발원해 지중해를 향해 북쪽으로 약 6,650킬로미터를 흐르는 세계 최대 규모인 나일(Nile) 강 중류 지역과 삼각주를 중심으로 발달했다. 참고로 '나일'은 셈어(Semitic)와 함어(Hamitic)로 모두 '큰 하천'이라는 뜻이다.

이집트인은 자신들이 문명을 구축하는 데 기반이 된 비옥한 토지를 '타케무트(검은 흙)'라고 불렀으며, 주변의 쓸모없는 사막을 '데 셰레트(붉은 흙)'라고 불렀다.

아멘넴헤트의 무덤과 그의 아내 헤메트의 벽 조각, 이집트 중왕국 시대, 미국 시카고 아트인스티튜트

② **메소포타미아** : 수메르어로 '창처럼 빨리 흐르는 하천'이라는 뜻의 티그리스(Tigris) 강(길이 1,900킬로미터)과, '큰 하천'이라는 뜻의 유프라테스(Euphrates) 강(길이 2,800킬로미터)의 하류 지점에 위치한 수메르 지방(현재의 이라크)에서 시작되었다. 이 강 상류에서 비옥한 흙이 운반되어 이 지방에 퇴적되는데, 이를 나중에 '사와드(검은 토지)'라고 불렀다.

③ **인더스** : 산스크리트어로 '강'이라는 뜻의 '신도프'를 어원으로 하는 인더스(Indus) 강(길이 3,180킬로미터) 유역에 성립했다. 이 강의 유역에 발달한 지역을 '신도'라고 불렀는데, 이는 오늘날 '인도' 국명의 기원이 되었다. 페르시아(이란)인은 여기에 'h'

발음을 추가해 '힌두'라고 불렸으며, 이는 후에 힌두교의 어원이 된다. 참고로 후한 시대에는 인도를 '신도'의 음역인 '신독(身毒)'이라고 불렀다.

④ **황하** : 황하는 면적 약 30만 제곱킬로미터의 화북(華北) 평원이라는 대충적평야를 중심으로 발달한다. 강 전체 길이가 약 5,460킬로미터에 이르는 황하는 '직각으로 꺾인 강'이라는 의미로, '하(河)' 또는 '하수(河水)'라고 불린다. 또 강물에 황토가 섞여 있어 노랗게 탁한 색을 띠기에 '황하(黃河)'라고도 불린다.

앞서 언급했듯이 황하는 강바닥에 황토가 쌓였기 때문에 2년에 한 번꼴로 대홍수가 일어났으며, 때때로 물길도 바뀌었다. 그래서 중국은 여러 차례에 걸쳐 대(大)치수 사업을 실시했고, 이 때문에 대규모 인력과 자원 동원에 용이한 중앙집권적인 관료 시스템이 발달했다.

동서 문명을 연결한
실크로드의 지명 이야기

중앙아시아는 거대한 산맥과 하천으로 구성되어 있다. 중앙 지역에는 평균 고도가 4,500~5,000미터나 되는 산으로 이루어진 파미르 고원(Pamir Plat ; 페르시아어로 '산들의 기슭'이라는 뜻)이 솟아 있고, 동쪽을 향해 북으로는 길이가 2,500킬로미터에 이르는 거대한 산 덩어리인 천산 산맥(天山山脈 ; 타타르어로 '킬로만(하늘 산)')이, 남으로는 티베트 고원의 가장자리를 따라 5,500~6,000미터나 되는 산들이 솟아 있는 곤륜 산맥(崑崙山脈 ; '머

항공 사진으로 찍은 파미르 고원, 2008년, © Irene2005, W-C

동서양을 잇는 실크로드

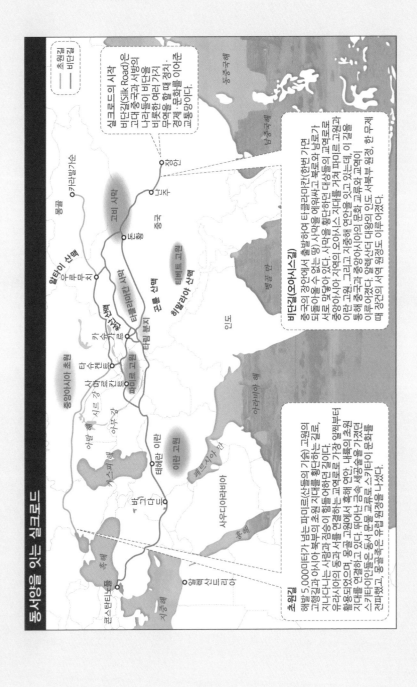

실크로드의 시작
비단길(Silk Road)은 고대로부터 중국과 서방의 나라들이 비단을 비롯한 여러 가지 무역품을 교류할 때 정치·경제·문화를 이어준 교통양이다.

비단길(오아시스길)
중국의 장안에서 출발하여 타클라마칸(한번 가면 되돌아올 수 없는 땅) 사막을 왼쪽으로 북로와 남로가 서로 맞물려 있다. 사막을 횡단하려면 대상들의 교역으로 중앙아시아 지역의 오아시스 지대를 거쳐 파미르 고원과 이란 고원, 그리고 지중해 연안을 잇고 있는데, 이 길을 통해 중국과 중앙아시아의 문화 교류와 교역이 이루어졌다. 온체산의 마을이 이도 서북부 원정, 한 무제 때 장건이 서역 원정도 이루어졌다.

초원길
해발 5,000미터가 넘는 파미르(산들의 기슭) 고원이 고행길과 아시아 북부의 초원 지대를 횡단하는 길로, 지나다니는 사람과 겻승이 힘들 어하던 길이다. 유라시아의 동과 서를 연결하는 교역로로 가장 일찍부터 활용되었으며, 몽골 고원에서 출해 낙타 연안, 내륙의 초원 지대를 연결하고 있다. 뒤이어 근속 세공술을 가졌던 스키타인들은 동서 문물을 교류로 스키타이 문화를 전파했고, 몽골족은 유럽까지의 원정을 나섰다.

리를 말아 올린 검은 몸의 백성'이라는 뜻)이 뻗어 있다. 그리고 이에 감싸이듯 그 사이에 타림 분지(위구르어로 '하천의 흐름이 모인 곳'이라는 뜻)가 위치해 있다.

본래 거대한 호수였던 타림 분지 주변에는 강 유역에 오아시스가 산재해 있고, 중앙에는 높이가 20~90미터의 사구가 이어진 타클라마칸 사막(위구르어로 '일단 들어가면 나올 수 없다'라는 뜻)이 있다.

파미르 고원 서쪽 지역은 소금 호수 아랄(Aral) 해로 흘러드는 북쪽의 시르(Syr ; 시르다리야. 페르시아어로 '노란색') 강과 남쪽의 아무(Amu ; 아무다리야. 범람하는) 강으로 둘러싸여 있어서 '강 저편의 땅'이라고 불렸다.

지금까지 언급한 이 땅이 모두 동서 문명을 연결하는 실크로드이다. 특히 파미르 고원에서 흘러내리는 자라프샨(Zarafshan ; '황금을 뿌린다'라는 뜻) 강 유역에 위치한 소그드(Sogd) 지방은 '실크로드의 십자로'였다. 실크로드는 타클라마칸 사막의 북변을 통과하는 서역북도(西域北道)와 남변을 경유하는 서역남도(西域南道)로 나눠지는데, 이 길은 똑같이 파미르 고원을 넘어 서(西)투르키스탄의 시장에 이른다. 동방으로는 감숙성(甘肅省) 돈황(敦煌)에서 합해진 다음 외길이 되어 황하 유역까지 이르렀다.

1장

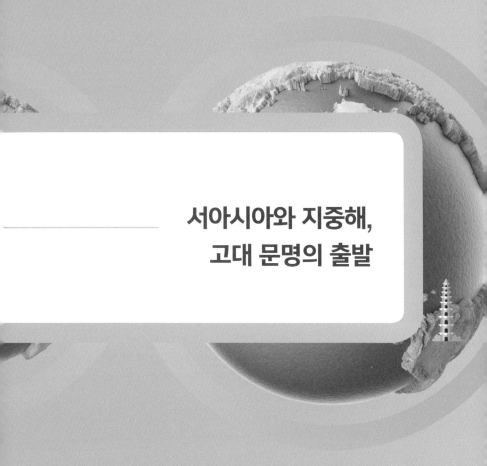

서아시아와 지중해,
고대 문명의 출발

'강 사이에 있는 땅'에서 인류의 문명이 탄생했다

'메소포타미아'와 '이라크'의 의미는 '강 사이에 있는 땅'

우리는 이라크 전쟁을 통해, 이라크 사막에서 불어대는 엄청난 모래 폭풍과 가혹한 더위에 대한 소식을 많이 접했다. 그런데 바로 이 지역이 인류 최고(最古)의 문명이 생겨난 곳이라는 것은 알고 있는가? 사막에 모래뿐일 것 같은 이곳에서 인류 최고의 문명이 시작되었다.

이 지역은 보통 '메소포타미아'라 불리며, 그리스어로 '강 사이에 있는 땅'이라는 뜻이다. 아랍어로는 이런 '강가의 땅이나 저지대'를 '이라크'라고 부르니, '메소포타미아'와 '이라크'는 같은 의미인 것이다.

그러면 어째서 아랍어인 '이라크'가 아니라 그리스어인 '메소포타

북부 하투샤로 이동한 메소포타미아 문명

하투샤
이집트, 바빌로니아와 어깨를 나란히 했던 강대국이자 철의 제국이었던 히타이트의 수도이다. 아나톨리아와 북부 시리아에 큰 영향을 끼친 도시로, 1986년 세계문화유산으로 지정된 고고유적지에는 당시의 예술 감각이 그대로 살아 있는 '사자의 문', '왕의 문'과 바위 신전의 부조들이 잘 보존되어 있다.

니네베
수메르 시대에 형성된 고대 아시리아의 수도이다. 티그리스 강 동쪽 유역으로 흔적도 없이 폐허만 남은 것으로 알려졌으나, 19세기 들어 영국, 프랑스의 고고학자들이 유물과 유적의 일부를 출토했다. 현재의 이라크 모술과 티그리스 강 사이의 건너편이 유적지이다. 인류의 창조신 에아의 딸 니나가 니네베의 수호신이었다고 한다.

칸카스 산맥

하투샤
(보가즈쾨이)

아라라트 산
(5,156m)

아나톨리아

니네베

중심지
이동

지중해

유프라테스 강

바빌론

티그리스 강

우르크   수메르 지방

사해

우르

아라비아

페르시아 만

공중정원
BC 600년경에 신바빌론 왕국의 왕 네부카드네자르 2세가 바빌론의 건조한 사막 기후에 적응하지 못한 메디아 출신 왕비 아뮈티스를 위로하기 위해서 만들었다. 세계 7대 불가사의 고대 건축물 중 하나인 옥상 정원으로, 멀리서 보면 공중에 매달려 있는 것처럼 보이지만 실은 높이 25미터의 단 위에 만든 인조 공원이다. 벽돌로 벽을 쌓고 흙으로 그 안을 메워, 5단 계단으로 테라스를 만들었다. 거기에 정원을 만들어 나무와 꽃을 심었으며, 현재 바그다드 교외에 유적이 남아 있다.

미아'가 일반적으로 사용되었을까? 그것은 바로 '메소포타미아'가 서구 중심인 유럽에서 사용한 호칭이기 때문이다. '메소포타미아'의 영역과 현재의 '이라크' 영토는 거의 일치한다.

티그리스 강과 유프라테스 강 유역은 시리아 사막과 아나톨리아 고원, 이란 고원 등에 둘러싸여 있으며, 밀과 대추야자 등을 수확하는 비옥한 농경 지대이다. 이 두 강은 모두 터키에서 발원하며, 수원 근처에서는 서로 약 400킬로미터나 떨어져 있다. 그리고 페르시아 만에 도달하기 200킬로미터 전에 합류해, 샤트알아랍(Shatt-al-Arab)

노아의 방주, 1846년, 에드워드 힉스, 미국 필라델피아 뮤지엄

강('아랍의 강가'라는 뜻)이 된다.

지금부터 약 5000년 전에 티그리스 강과 유프라테스 강 하류의 수메르 지방에서 수메르인이 성벽으로 둘러싸인 도시를 건설했다. 그 가운데 대표적인 도시가 유프라테스 강 근처에서 하천을 이용한 교역으로 번성했던 우르(Ur)이다. 우르라는 도시명은 '해가 떠오르는 땅' 또는 '동쪽'이라는 뜻을 가진 헤브라이어에서 유래했으며, 이 지역은 달의 신인 '난나(Nanna) 신앙'의 중심지였다. 특히 이곳에는 난나에게 제사를 지내는 약 20미터 높이의 지구라트(Ziggurat ; 성탑)가 있는데, 보존 상태가 매우 좋아 많은 사람들이 찾고 있다.

대지의 어머니 신이며 풍요와 전쟁을 주관하는 여신인 이난나(Inanna, 아카드 신화에서는 이슈타르)를 모시며, 9.5킬로미터의 성벽으로 둘러싸인 원형 모양의 도시 '우루크'도 수메르를 대표하는 도시였다. 《구약성서》에 나오는 '노아(Noah)의 방주' 이야기의 원형이 되는 '길가메시 서사시'의 주요 무대가 바로 우루크이다.

유프라테스 강변에 위치한 바빌론은 '신의 문'이라는 의미

하지만 수메르 지역에서도 혹심한 더위 때문에 농지의 수분이 증발해 염분 농도가 올라가면서 농지의 생산력이 현저하게 떨어졌다. 이 때문에 사람들은 새로운 농경지를 찾아 이라크 북부로 이동했고, '메소포타미아'의 중심도 자연히 그쪽으로 옮겨 갔다.

기원전 1830년 무렵, 아무르인이 유프라테스 강변에 위치한 도시

'바빌론'(바그다드 남쪽 약 90킬로미터)을 중심으로 패권을 장악했다(고바빌로니아). 이라크 중부의 바빌론은 '메소포타미아'를 대표하는 도시로, 아카드어로 '신의 문'을 의미하는 '바빌림'이라고 불렸다. 참고로 '바빌론'은 그리스어이다.

바빌론에서는 함무라비 법전이 제정됐고, 설형문자인 쐐기문자가 담긴, 세계에서 가장 오래된 점토판이 발견됐다. 또 이곳은 기원전 6세기에 주변 13킬로미터를 성벽으로 감싸는 도시로 성장했으며, '바벨탑'이라고 불리는 거대한 탑을 비롯해 크고 작은 1,000개 이상의 신전과 '공중정원'으로 유명해졌다. 바빌론은 유프라테스 강 도하 지점으로 중요한 이라크 도시 카르발라(건너는 땅) 근처에 있었다.

기원전 1500년 무렵, 말에게 전차를 끌게 했던 인도 유럽계 유목민의 침입으로 말미암아 '메소포타미아'는 대격동기에 접어들었다. 이런 가운데 아나톨리아 고원의 하투샤(Hattusha)를 수도로 한 히타이트인이 인류 최초로 철제 무기를 사용해, 기원전 1530년경에 고바빌

하투샤 대신전 터, 1986년 유네스코 세계문화유산으로 지정, ⓒ China Crisis, W-C

로니아를 멸망시켰다. 이로 인해 문명의 중심이 좀 더 북쪽인 아나톨리아로 옮겨 갔다.

하투샤는 '하티(히타이트)인 왕의 성'이라는 뜻으로, 현재 터키에서는 '보가즈쾨이(협곡의 마을)'라고 불린다. 길이가 약 1,200미터인 하투샤 유적에 둘러싸인 신전과 대궁전이 오늘날까지 히타이트제국의 영화를 전하고 있다.

또한 왕실 문서실에서는 설형문자로 쓰인 약 1만 점의 점토판 외교 문서가 발견되어 히타이트가 얼마나 강대한 국가였는지를 잘 대변해주고 있다.

노아의 방주가 도달한 곳, 아라라트 산

눈 녹은 물로 이루어진 티그리스 강과 유프라테스 강은 가끔 돌발적으로 대홍수를 일으킨다. '노아의 방주'도 이런 사실을 바탕으로 만든 것이다. 이 '방주'는 오늘날의 터키 최고봉인 아라라트(Ararat, 5,156미터) 산 중턱에 위치했다고 기록되어 있다.

아라라트 산에 대해서 재미있는 일화가 내려오고 있다. 이 산의 어원인 '아라'는 아르메니아의 왕 이름인데, 아라는 어느 날 여왕 세미라미다의 구혼을 받는다. 그런데 이를 거절하자 화가 난 여왕의 대군에게 공격을 받아 산기슭에서 숨지고 만다. 여왕은 한때 격정에 밀려 본의 아니게 죽여버린 사랑하는 아라 왕의 이름에서 따와, 구름을 뚫고 솟아 있는 이 산에 '아라라트 산'이라고 이름을 붙였다고 한다.

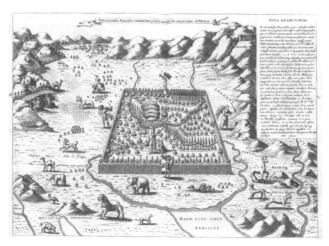

낙원의 지형. 북동쪽 아르메니아 산맥에 아라라트 산이 있고, 정상에 직사각형 모양의 방주가 있다. 1675년, 아타나시우스 키르허, 미국 하버드 대학교 휴턴도서관

나일 강의 관개사업으로
거대한 문명을 구축했다

나일 강을 지배하는 파라오의 뜻은 '커다란 집에 사는 사람'

나일 강은 빅토리아 호에서 발원하는 백나일과 에티오피아 고원을 수원으로 하는 청나일이 수단('흑인'이라는 뜻)에서 만나 하나의 강으로 만들어져 지중해로 흘러 들어가는 세계 최대의 강이다.

바로 이 강 중류 지역과 삼각주에서 고대 이집트 문명이 성장했다. 그런데 '나일'은 이집트어가 아닌 영어 이름이다. 원래는 나일 강을 셈어와 함어로 '강'을 의미하는 '나할'이라 불렀는데, '닐스'라는 라틴어로 명명되었다가 영어의 '나일'이 되었다.

이집트에는 매년 같은 시기에 비가 내리는데(6월 중순~10월 하순), 이 비는 한 달 동안 대지를 흘러 지중해로 흘러 들어간다. 따라서 이집트인들은 이러한 나일 강의 정기적인 물의 대순환을 이용해서 '장대한 규모의 관개사업'을 실시해 거대한 문명을 구축했다. 이들은 홍수 시기가 되면 완만하게 수량이 불어나는 '물'을 수로로 유도해서 주변 농지에 공급해 곡식을 재배했다. 그러고 보면 그리스의 역사가인 헤로도토스(Herodotos)가 '이집트는 나일 강의 선물'이라고 한 말은 매우 적절한 표현이라고 할 수 있겠다.

지금도 이집트는 국토의 96%가 사막이고, 나머지 4% 가운데 불과 2.6%만 농지로 이용할 수 있다. 즉, 나일 강 유역의 폭 8~16킬로미터 지역이 이집트인들의 생명을 지탱해주는 원천인 것이다.

따라서 이집트인은 관개망을 중심으로 42개(중류 지역에 22개, 삼각주에 20개)의 '노모스'(부족 집단에서 시작된 사회 단위)를 만들었는데, 이는 기원전 3000년경에 통일된다. 또 나일 강 유역을 지배하게 된 왕은 신으로 간주되었으며, '커다란 집에 사는 사람'이라는 뜻으로 '파라오'라 칭했다.

약 2900년 동안 파라오가 이집트를 통치했으며, 그동안 26개 왕조가 교체되었다. 사막, 바다, 거대한 폭포에 둘러싸인 폐쇄된 환경에서 '물의 순환'이 안정된 세계를 만들어낸 것이다.

'이집트'의 어원은 화려한 대도시 멤피스에서 생겨났다

'이집트'라는 이름은 이집트의 여러 왕조가 수도로 정했던 장엄한 도시 멤피스(Memphis : 지금의 카이로)에서 유래했다. 다른 어디에서도 찾아볼 수 없는 근사한 도시 멤피스에 대한 평판이 전해지면서, '멤

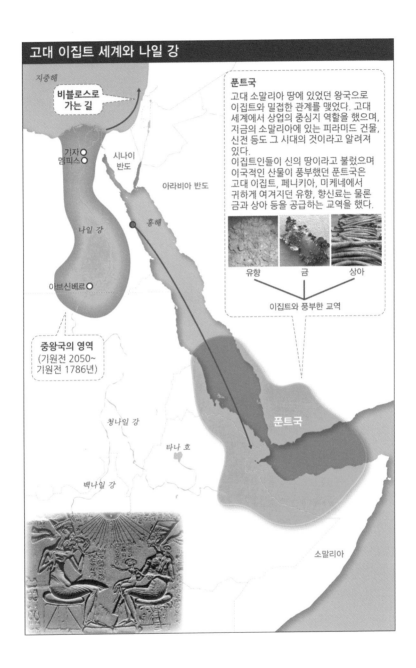

고대 이집트 세계와 나일 강

지중해

비블로스로
가는 길

기자○
멤피스○

시나이
반도

아라비아 반도

나일 강

홍해

아브신베르○

중왕국의 영역
(기원전 2050~
기원전 1786년)

청나일 강

타나 호

백나일 강

푼트국

소말리아

푼트국

고대 소말리아 땅에 있었던 왕국으로
이집트와 밀접한 관계를 맺었다. 고대
세계에서 상업의 중심지 역할을 했으며,
지금의 소말리아에 있는 피라미드 건물,
신전 등도 그 시대의 것이라고 알려져
있다.
이집트인들이 신의 땅이라고 불렀으며
이국적인 산물이 풍부했던 푼트국은
고대 이집트, 페니키아, 미케네에서
귀하게 여겨지던 유향, 향신료는 물론
금과 상아 등을 공급하는 교역을 했다.

유향　　　금　　　상아

이집트와 풍부한 교역

피스라는 대도시가 있는 지역'이라는 뜻을 가진 '이집트'라는 말이 생긴 것이다.

멤피스의 옛 이름인 '프타하 신(神)의 정령이 깃든 장소(하트 카 프 타)'를 그리스어로 번역하면 '아이규프토스'가 된다. '하트'(장소)가 그리스어의 '아이'로, '카'가 '규'로, '프타'가 '프트'로 변했고 여기에 접미사인 'os'를 붙인 것이다. 고대 이집트에서 프타하 신은 나일 강의 진흙으로 모든 생물을 창조하는 신이었다.

멤피스 지역의 교통로인 나일 강은 흐름이 완만하고, 하류인 지중해에서 1년 내내 바람이 불기 때문에 범선이 쉽게 거슬러 올라올 수 있었다. 즉, 멤피스에는 많은 사람들이 오고 갈 수 있는 교통로가 확보되어 있었던 것이다. 이곳은 '파피루스'를 묶어 돛을 단 갈대선(船)이 다니는 일종의 '고속도로'였다. 현재도 나일 강에는 '페루카'라고 불리는 가늘고 긴 범선이 다니고 있다.

이집트 상형문자를 기록한 파피루스

또한 고대 이집트는 화폐가 발달하지는 않았기 때문에 세금 대신 걷힌 전 국토의 수많은 '물자'가 멤피스에 모여 교역이 이루어졌다. 전 세계의 수많은 물자가 멤피스에 모였다고 해도 과언이 아니었다. 그리고 이런 대량의 물자를 관리하려면 기록할 '문자'가 필요했으므로 파피루스에 갈대로 만든 펜으로 기록할 수 있는 '상형문자'가 만들어졌다.

나일 강을 흐르는 '물의 순환' 때문에 생겨난 태양력

기원전 2700년경부터 기원전 1600년경의 이집트에서는 피라미드(라틴어의 피라미스(첨탑)에서 유래)가 만들어졌다. 지금도 약 80개가 남아 있으며, 세계 최대의 피라미드 유적은 멤피스 교외의 기자(Gizeh ; 기제라고도 하는데 '높은 것'이라는 뜻)에 있다. 그런데 이 피라미드는 거대한 돌을 상류 지역부터 운반하는 데 이용했던 나일 강 주변이 아닌, 아프리카 최대 도시인 카이로 시가지에 더 가까이 위치해 있다. 거대한 돌을 운반하는 데 많은 사람들의 희생이 필요했다는 사실을 알 수 있다.

한편, 나일 강에 의존해서 생활하는 이집트인들은 '거대한 물의 순환'이 일어나는 나일 강의 주기를 알아야 했기 때문에 '물이 불어나기 시작하는 시기'를 미리 알 수 있는 일종의 '달력'이 필요했다. 그러던 어느 날, 신관이 멤피스 부근에서 해마다 동쪽의 지평선 상에 '새벽의 명성(明星, 시리우스)'이 나타나면 물이 불어나기 시작한다는

고대 이집트의 상징인 기자의 피라미드, ⓒ Yasser Nazmi, W-C

자연의 규칙을 알아냈다. 그리고 달이 12번 차고 지는(360일) 것과 수확 후의 축제일 5일을 하나의 주기(즉, 1년)로 하는 '태양력'을 만들어냈다. 그리고 이것을 기원전 45년에 로마 장군 카이사르(Gaius Julius Caesar)가 로마로 가져와서 4년에 하루씩 '윤날'을 넣어 '율리우스력(Julian calendar)'을 만들었다. 바로 이 율리우스력이 현재 우리가 사용하는 태양력의 기초가 되었다.

세계를 연결하는 다리였던
시리아와 팔레스타인

팔레스타인은 이집트와 메소포타미아, 아나톨리아를 연결

지중해 동쪽에 위치한 팔레스타인과 시리아는 이집트와 메소포타미아, 아나톨리아라는 3개 지역을 연결하는 '육상의 다리'라고 할 만한 장소에 있다.

'팔레스타인'은 해안 지대와 갈릴리(요르단 강이 흘러드는 갈릴리 호 주변으로 '지방, 주위'라는 뜻) 지방, 산악 지대, 사해로 흘러드는 요르단 강의 계곡, 골란('추방'이라는 뜻) 고원 등으로 구성되어 있다. 이 지방에서는 염분 농도가 31%(보통 해수 농도의 약 9배)인 사해가 가장 유명하다.

사해는 유량이 하루에 700만 톤인 요르단 강의 강물이 동아프리카에서 이어지는 요르단 지구대에 머물렀다가, 더위로 수분이 증발되

사막 한가운데 있는 사해, ⓒ David Shankbone, W-C

면서 염분 농도가 비정상적으로 높아진 호수이다. 여기에서 흘러나
오는 하천은 단 한 줄기도 없다. 단지 유입되는 물이 대량으로 증발
하면서 수위를 유지하고 있을 뿐이다. 따라서 이 호수는 염분 농도가
너무 짙어서, 사람이 몸을 담그면 저절로 수면 위로 떠오른다. 참고
로 사해의 수면은 지중해 해수면보다 약 390미터나 낮으며, 세계에
서 가장 낮은 곳에 위치하고 있다.

　팔레스타인은 처음에는 그 지방의 명산품인, 소라게에서 채취하는
'붉은 보라색의 염료'를 의미하는 셈어인 '가나안('자줏빛'이라는 뜻)'
이라고 불렸으나, 기원전 12세기경 지중해 방면에서 이주해 온 펠리

시테(Pelishte)인이 이곳에 정착하자 이 이름을 따서 '팔레스타인'이라고 부르게 되었다. 참고로 '펠리시테'는 '속인(俗人)'이란 뜻이다.

교통의 요충지였던 시리아는 주변 강대국의 침략에 쉽게 노출

이집트와 메소포타미아, 크레타(Creta)의 3대 문명이 교차하는 곳에 위치한 시리아는 교통의 요충지였던 만큼 여러 주변 강국들의 쟁탈전의 대상이 되었다. '시리아'라는 명칭은 서아시아에 대제국을 건설한 아시리아의 말인 '아슈르(일출)'에서 유래했으며, '동방의 땅'이라는 뜻이다.

시리아 동부와 북부 지방은 유프라테스 강이 흐르는 비옥한 들판이고, 남부는 시리아 사막이다. 주민 대다수는 아랍인으로 낙타를 타고 여러 지역을 방문하는 대상(大商)들 덕분에 이들의 언어가 아케메네스제국(페르시아)의 공용어가 되었다. 이런 사실로 볼 때 시리아가 경제적으로 얼마나 중요한 위치에 있었는지 알 수 있다.

이 시기 시리아 지방의 중심은 현재 시리아의 수도이며 바라다 강(아랍어로 '차가운 물') 유역에 위치한 오아시스 도시인 다마스쿠스(Damascus)이다. 다마스쿠스는 셈어로 '관개된 토지'라는 뜻이며, 기원전 15세기 이후 동(銅) 등의 광물 공업과 사막의 낙타를 이용한 대상 무역으로 번성한, 인류 역사상 가장 오래된 상업 도시이다. 이곳은 바울(Paul)이 세례를 받은 마을로도 유명하다.

3대 문명의 교차점인 팔레스타인과 시리아

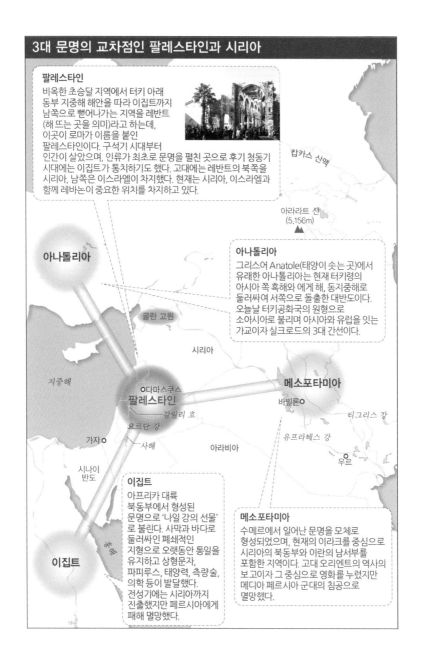

팔레스타인
비옥한 초승달 지역에서 터키 아래 동부 지중해 해안을 따라 이집트까지 남쪽으로 뻗어나가는 지역을 레반트 (해 뜨는 곳을 의미)라고 하는데, 이곳이 로마가 이름을 붙인 팔레스타인이다. 구석기 시대부터 인간이 살았으며, 인류가 최초로 문명을 펼친 곳으로 후기 청동기 시대에는 이집트가 통치하기도 했다. 고대에는 레반트의 북쪽을 시리아, 남쪽은 이스라엘이 차지했다. 현재는 시리아, 이스라엘과 함께 레바논이 중요한 위치를 차지하고 있다.

캅카스 산맥

아라라트 산
(5,156m)

아나톨리아
그리스어 Anatole(태양이 솟는 곳)에서 유래한 아나톨리아는 현재 터키령의 아시아 쪽 흑해와 에게 해, 동지중해로 둘러싸여 서쪽으로 돌출한 대반도이다. 오늘날 터키공화국의 원형으로 소아시아로 불리며 아시아와 유럽을 잇는 가교이자 실크로드의 3대 간선이다.

아나톨리아

골란 고원

시리아

지중해

메소포타미아

o다마스쿠스
팔레스타인

바빌론o

갈릴리 호

요르단 강

티그리스 강

가자o

사해

유프라테스 강

아라비아

우르

시나이
반도

이집트
아프리카 대륙 북동부에서 형성된 문명으로 '나일 강의 선물' 로 불린다. 사막과 바다로 둘러싸인 폐쇄적인 지형으로 오랫동안 통일을 유지하고 상형문자, 파피루스, 태양력, 측량술, 의학 등이 발달했다. 전성기에는 시리아까지 진출했지만 페르시아에게 패해 멸망했다.

메소포타미아
수메르에서 일어난 문명을 모체로 형성되었으며, 현재의 이라크를 중심으로 시리아의 북동부와 이란의 남서부를 포함한 지역이다. 고대 오리엔트의 역사의 보고이자 그 중심으로 영화를 누렸지만 메디아 페르시아 군대의 침공으로 멸망했다.

이집트

홍해

헤브라이는 '유프라테스 강 저편에서 온 사람'이라는 뜻

기원전 14세기가 되자 팔레스타인에서 헤브라이인의 권력이 강해졌다. 헤브라이는 '유프라테스 강 저편에서 온 사람'이라는 뜻으로, 이주해 온 유목민을 총칭하는 말이었지만 그것이 고유한 민족 이름이 되었다.

그들은 자신들을 스스로 '이스라엘'이라 칭했는데, 이는《구약성서》창세기에 등장하는 족장이며 하늘로 통하는 계단에 관한 꿈을 꾸고 천사와 격투를 벌여 신에게서 '이스라엘'이라는 이름을 부여받은 야곱(Jacob)에서 따온 것이다. 즉, 야곱이 두 명의 아내와 하녀 사이에 둔 12명의 아들이 헤브라이인 12부족의 조상이라는 것이다.

헤브라이 왕국의 초대 왕 사울(Saul)이 죽은 후 2대 왕에 오른 다윗(David)은 기원전 1000년경에 팔레스타인을 통일했다. 그리고 이 시기, 왕국은 지중해와 사해 사이의 요충지인 '예루살렘'을 수도로 하는 대국으로 성장했다. 예루살렘이라는 명칭은 헤브라이어인 '예루(도시)'와 '샤라임(평화)'을 합성한 말이지만, 본래 의미는 '아름다운 황혼'이라는 뜻이다. 해가 지기 직전에 모든 사물이 붉게 물드는 숭고한 '황혼'의 아름다움은 예나 지금이나 변함없을 것이다.

3대 왕인 솔로몬(Solomon) 시절 예루살렘에 성벽과 신전(현재의 바위 돔 위치), 궁전 등을 세웠는데, 솔로몬 왕이 죽은 뒤 북쪽의 이스라엘 왕국과 남쪽의 유대 왕국으로 나뉘었으며, 이스라엘 왕국은 기원전 8세기에 아시리아에, 유대 왕국은 기원전 6세기에 신바빌로니아에 멸망당했다. 그 이후, 헤브라이인들에게는 고난의 시절이 이어진다. 먼저 수많은 헤브라이인들이 수도 바빌론으로 강제 연행(바빌론유수)되었다. 그 뒤 헤브라이인은 조로아스터교의 최후의 심판과 천사와 악마의 투쟁 등의 사상을 받아들여, 유일신 여호와(Jehovah)와의 계약을 지키는 자신들만이 구원을 받는다는 유대교를 성립했다.

나중에 이 유대교에서 기독교, 이슬람교가 파생한다.

예루살렘이 3대 종교의 성지가 된 이유는?

2500년 전에 건설된 도시 예루살렘을 둘러싼 아랍인과 유대인의 투쟁은 21세기 최대 국제 분쟁이다. 그러면 왜 이런 문제가 발생하게 된 것일까?

기원전 1세기에 로마가 예루살렘을 점령한다. 당시 예수(Jesus)는 예루살렘에서 로마인의 지배에 협조적이었던 유대교를 혁신하려고 했으나 뜻을 이루지 못했고, 결국 그가 죽은 뒤에 기독교가 창설되었다. 예수는 매우 열정적으로 포교를 행했고, 훗날 예루살렘 근교에 위치한 골고다에서 십자가에 못 박혀 순교했다. 따라서 예루살렘은 '순교의 땅'으로 기독교도들의 성지가 되었다. 예수를 매장했다는 장소에는 '성분묘(聖墳墓) 교회'가 건설되었고, 2세기 이후 기독교도들은 예루살렘 성지 순례를 하기 시작했다.

하지만 그 뒤 헤브라이인은 로마제국에 대해 대규모 반란을 일으켰다는 이유로 예루살렘 입성을 금지당하고, 강제로 각지로 흩어져 살게 되었다. 이들을 '디아스포라(Diaspora)'라고 부른다. 고향을 잃은 유대인은 타향에서 생활하면서 다윗 왕의 성과 묘지가 있는 예루살렘의 '시온의 언덕(해발 100미터)'으로 돌아가기를 열망했다. '시온'은 헤브라이어로 '천국과 같은 장소'라는 뜻으로, 훗날 유대인의 조국 회복 운동인 시오니즘(Zionism)은 이 언덕의 이름에서 유래한 것이다.

638년이 되자, 예루살렘은 이슬람제국의 지배하에 들어갔다. 이슬람교도는 이슬람교의 시조인 무함마드(Muhammad)가 예루살렘의 현재 '바위 돔'이 건설된 장소에서 천마를 타고 신이 있는 곳으로 향했다(밤의 여행)라며 그곳을 성지로 여겼다. 이곳은 이스라엘 최고(最古) 족장인 아브라함(Abraham)이 자신의 아들인 이삭(Isaac)을 여호와의 명령에 따라 제물로 바치려고 했던 장소이기도 하다.

팔레스타인은 그 뒤 이슬람화되었으나, 제2차 세계대전 후 헤브라이 국가인 이스라엘이 건국되면서 민족 분쟁이 끊이지 않고 있다. 1950년 이래 이스라엘은 계속해서 예루살렘이 자국의 수도라며 부르짖고 있지만 국제적으로 승인받지는 못하고 있다.

과연 언제쯤 유대교와 기독교, 이슬람교의 성지에 평화가 돌아올 수 있을까?

메소포타미아와 이집트까지
통합한 이란인의 대제국

다리우스 1세가 유연한 통치력으로 대제국을 건설

북메소포타미아의 아시리아인은 여러 차례 전쟁을 치러, 기원전 7세기에는 메소포타미아에서 이집트에 이르는 대영역을 지배하게 된다.

아시리아는 니네베(Nineveh : 인류를 창조한 신 에아(Ea)의 딸 니나(Nina)의 이름에서 유래)를 수도로 정하고, 각 지역의 전통과 종교를 부정하며 가혹한 세금을 징수했다. 니네베는 메리노(Merino) 종의 양모로 짠 메린스의 별칭인 '모슬린(muslin : 본래는 얇은 면직물이라는 뜻)'의 어원이 된 이라크 북부 도시 모술(Mosul : '접합점'이라는 뜻) 맞은편 해안에 지금도 유적이 남아 있다. 모술은《아라비안나이트(Arabian Nights)》에 나오는 '하늘을 나는 양탄자'의 무대이기도 하다.

이집트에서 인더스 강까지 정복한 아케메네스제국

■ 아케메네스제국

아케메네스제국

아케메네스 왕조를 시조로 하는 페르시아제국으로 전성기를 구가할 때는 3개 대륙에 걸친 막대한 국가였다.

아프가니스탄, 파키스탄의 일부에서부터 이란, 이라크 전체와 흑해 연안 지역, 소아시아 전체, 서쪽으로 발칸반도의 트라키아, 현재의 불가리아인 전역과 마케도니아반도, 이집트와 리비아에 이르는 광대한 지역이 그들의 영토였다. 페르시아 문화의 근간을 이루고 발전시키면서 번영을 누렸으나 그리스와의 전쟁에 패하고 알렉산더에게 점령당한 후 멸망했다.

왕의 길

고대의 고속도로로 훗날 동서 교류의 큰 물꼬를 트는 실크로드의 서쪽 일부가 된다.

지명

- 마라칸다 (사마르칸트)
- 간다라
- 인더스 강
- 아라비아 해
- 카스피 해
- 흑해
- 지중해
- 나일 강
- 멤피스
- 카파도키아
- 사르디스
- 나네베
- 시돈
- 티그리스 강
- 유프라테스 강
- 바빌론 (겨울궁전)
- 수사 (행정부)
- 에크바타나 (여름궁전)
- 메르세폴리스 (제국의 정신적인 상징)
- 자그로스 산맥

다리우스 1세

다리우스 1세는 아케메네스 왕조 페르시아제국의 왕으로 제국을 전성기에 올려놓아 후세에 이름을 남겼다. 다리우스는 끝없이 일어나는 반란에 시달렸으며, 그리스를 완전히 정복하지 못했지만 그리스의 일부와 이집트를 차지했다. 또한 이란제국 통화인 다릭이라와 마케도니아에도 정복했다. 또한 그는 제국의 표준으로 아람어를 채택하고 도화를 통일하고, 바빌론과 이집트를 중심으로 도건 체계도 세우는 등 영경략으로 일했다. 특히 그는 제국의 기초를 확립한 후 자신의 정벌 기록을 비시툰이 산철 절벽에 새기고 왕위 계승에 대한 정통성을 강조했다.

기원전 612년, 아케메네스(Achaemenes)를 시조로 한 아케메네스제국이 등장한다. 아케메네스제국은 아시리아가 멸망한 뒤 페르시아인들(이란인)이 재통일을 이룩한 나라로, 약 200년 동안 대영역을 지배한다. 그리고 기원전 522년에 이집트에서 인더스 강에 이르는 지역을 정복해 대제국을 건설했다.

가장 융성했던 시절은 다리우스 1세(Dareios I ; 다리우스 대왕) 때로, 그는 새 수도를 건설하지 않고 엘람인의 수도인 수사와 과거 바빌로니아의 수도인 바빌론, 메디아의 수도인 이란 고원과 이라크 지방을 연결하는 교통 요충지 에쿠바타나 등 세 도시를 수도로 정해, 계절별

다리우스를 알현하는 스키타이인들, 프란치체크 스무글레비치가 그린 상상화, 1785년 이후, 리투아니아 미술관

로 거주지를 옮기면서 복잡하게 얽힌 세계를 지배했다.

페르세폴리스는 그리스어로 '페르시아의 도시'라는 뜻

제국 내의 20개 민족으로 구성된 장인과 노동자를 동원해 건설된
자그로스 산맥(Zagros ; 고대 페르시아의 부활신인 '자그로'에서 유래한 것)
산기슭에 위치한 페르세폴리스 대궁전은, 태양이 다시 태어나는 '춘
분'에 왕이 전 국토의 사절(使節)을 모아서 '시간을 창조하는 의식' 등
을 실시하는 데 이용하는 등 제국의 정신적인 지주였다.

다리우스 1세가 자신의 업적을 기리기 위해 비시툰 산 절벽에 새겨놓은 전승기념비,
2005년. ⓒ Aryobarzan, W-C

페르세폴리스(Persepolis)는 그리스어로 '페르시아의 도시'라는 뜻이며, 페르시아어로는 '타푸테(왕좌) 제임세드(제임세드 왕의)'라고 불렸다. 참고로 이 도시는 조로아스터교의 왕에게 바쳐진 것이다.

다리우스 1세의 알현전(謁見殿)에는 2000여 년의 세월이 지난 지금도 거대한 13개의 석주(石柱)가 남아 있다.

다리우스 1세는 영토를 20개의 속주로 나누어, 각 속주에 사트라프(총독)를 파견해 그들로 하여금 그 지역을 통치하게 하고 도로망과 역전제로 넓은 지역을 연결했다. 그리스 역사가인 헤로도토스는 수도 수사와 소아시아 간의 약 2,400킬로미터가 되는 '왕의 길'에 대해 '상인은 3개월이 걸렸지만 왕의 사자는 일주일 만에 주파했다'라고 기록했다.

또 다리우스 1세는 전 국토에서 징수한 연간 약 36만 7,000킬로그램의 은을 이용해서 화폐를 주조했고(금은 은의 13배로 환산), 시리아 사막의 상업민인 아람인의 언어를 공용어로 삼았다. 아람인의 언어가 오늘날의 영어처럼 광범위한 지역에서 사용된 것이다.

페르시아인과 이란인은 같은 민족이다?

'페르시아인'이란 유럽 사람들이 이란인을 관습적으로 부른 이름이다. 실제로는 패자(覇者)로서 대제국을 건설한 이란인은 자신들을 '이란(아리아인의 나라)'이라고 불렀다. 참고로 '아리아'란 '그 어느 민족보다도 고귀한'이란 뜻이다. 오늘날 사용하는 이란이라는 국호는 유럽의 압박에서 탈피해 민족의 자긍심을 회복하려는 의미에서 1935년에 채택했다.

이란인은 이란 고원 서부에 있는 민족 발상지를 '페르시스(현재의 파르스 지방)'라고 명명했다. 이 말의 어원은 '파르사('승마자'의 땅이라는 뜻)'로, 그들이 유목민이었다는 사실을 나타내고 있다. 즉, 페르시아인은 유목 생활을 했던 '페르시아 지방의 사람'이라는 뜻이다.

오늘날의 이란을 보더라도 사막과 황무지가 전 국토의 절반 이상을 차지하고 있고, 농지는 10%가 채 안 된다.

페르시아 아르다시르 1세의 궁전, 2012년. © Milad Vandaee, W-C

동지중해의 레바논은
삼나무 교역의 중심지

신전과 궁전을 짓기 위한 자재로 '레바논 삼나무'를 대량 수출

지중해는 인접한 '흑해'를 포함해서 약 296만 제곱킬로미터가 넘는 세계 최대의 '내해'로, 세계에서 두 번째로 넓은 카리브 해보다도 훨씬 크다. 지중해는 이집트와 메소포타미아의 성숙한 두 문명과 인접해 있고, 주변에는 교통이 불편한 반사막 지대가 펼쳐져 있어 고도의 해양 문명을 출현시켰다.

지중해를 개발하는 데 중심이 된 곳은 레바논(Lebanon) 지방이었다. 시리아까지 이어진 '아프리카 대지구대'의 서쪽에 위치해 있으며, 지중해 동쪽 해안에 남북 200킬로미터, 폭 40~80킬로미터로 이어지는 레바논은 해안 근처에 인접해 있는 레바논 산맥 때문에 평야가 아주 협소했다. 레바논 산맥은 겨울에는 눈 때문에, 여름에는 석회암 때문에 하얗게 보인다고 해서 '레바논('흰 산맥'이라는 뜻)'이라고 불렸다고 한다.

레바논의 특산품은 재질이 단단하고 좋은 향기를 내뿜는 소나뭇과의 '레바논 삼나무'였다. 그래서 기후가 건조해 삼림 자원이 부족한 이집트와 메소포타미아에 신전과 궁전을 짓기 위한 자재로 레바논 삼나무가 대량으로 수출되었다. 따라서 레바논 지방은 이

레바논 삼나무, 2004년, © Mpeylo, W-C

집트와 메소포타미아의 수준 높은 문명을 지중해 해역에 전하는 창구가 되었다. 현재 레바논 삼나무는 남벌로 말미암아 고목이 사라져 레바논 산맥에만 조금 남아 있지만, 레바논을 상징하는 국기에는 그려져 있다.

목재를 수출한 페니키아의 비블로스 항은 '바이블'과 '북'의 어원

레바논 지방에서 가장 오래된 항구는 비블로스(현재의 주바일)였다. 비블로스는 그리스어로 '작은 언덕'이라는 뜻이며, 페니키아인의 주신(主神)이며 풍요의 신인 '바알이 세운 마을'이라는 의미를 가지고

동지중해 교역의 중심지 페니키아 항

페니키아
페니키아는 지중해의 동쪽을 끼고 있는 베리토스, 시돈, 티루스, 비블로스 등 페니키아인들이 만든 항구 도시들이다. 오늘날의 레바논, 시리아, 이스라엘 해안 지역을 중심으로 번성했으며, 거주민의 대부분이 지중해 무역을 독점했다.

아나톨리아(소아시아)

키프로스 섬

크레타 섬   지중해   오늘날에는 모두 레바논에 속해 있다.   트라폴리   유프라테스 강
비블로스
베리토스
시돈
티루스

예루살렘
가지

이집트

페니키아 영역

있다. 최초의 피라미드가 건설되었던 기원전 27세기에 이집트가 이 항구에서 목재를 구매했다는 사실이 밝혀져 있다. 즉, 기원전 12세기까지 비블로스는 지중해 동해안에서 가장 번영한 항구였던 것이다.

비블로스는 이집트에 대량으로 목재를 수출했고, 이집트에서 수입한 '파피루스' 등의 물품을 지중해 각지로 수출했다. 이 때문에 그리스인은 '파피루스'를 이 중계항의 지명에서 따와 '비블로스'라고 불렀다. 그뿐만 아니라 《바이블(bible : 성경)》과 '책(book)'의 어원도 '비블로스'이다. 또 유럽 여러 문자의 기본이 된 페니키아의 '알파벳'도 '비블로스'에서 비롯되었다고 한다.

티레 섬 알미나의 고대 기둥, 2005년, © Heretiq, W-C

페니키아인은 해안의 석영, 모래를 원료로 한 유리 공업을 발달시켰으며, 뮤렉스라고 하는 보라색 조개의 체액을 원료로 사용해 붉은색으로 염색한 모직물을 제조했는데, 이집트를 비롯한 각지에서 이붉은색 천을 가장 고귀한 천으로 여기며 비싼 가격으로 거래했다.

이런 교역 네트워크를 구축한 페니키아 항으로는 다음과 같은 도시가 유명하다.

시돈(Sidon)은 페니키아어로 '어장'이라는 뜻이며 원양어업의 거점이었다. 현재는 사우디아라비아의 다란과 파이프라인으로 연결되어있어 석유를 대량으로 반출하는 항이 되었으며, 프랑스어로는 '사이다'라고 불린다.

해안선에서 수백 미터 떨어진 먼바다의 바위섬에 건설된 항구 티루스(Tyrus)는 라틴어 이름으로, 페니키아어로는 '바위'라는 뜻의 '스르'로 불렸다. 현재의 '티레(Tyre)'이다. 티레는 레바논의 남쪽 도시로 네 번째로 큰 항구 도시이다. 고대 유적이 많아서 관광객들이 많이 찾고 있으며, 로마의 히포드롬은 유네스코 세계문화유산이다.

비블로스에서 남쪽으로 조금 내려간 곳에 위치한 베리토스는 페니키아어로 '우물'이라는 뜻인데, 현재는 레바논의 수도 베이루트(Beirut)가 되었다. 페니키아인은 이들 여러 항구를 중심으로 지중해 각지에 이주 지역과 중계항을 건설해 지중해를 대교역권으로 완성했다.

지명으로 읽는 지중해의
광대한 페니키아 네트워크

이집트 상형문자를 차용한 페니키아 문자는 알파벳의 원조

지도에서 페니키아어로 된 지명을 쫓아가다 보면 페니키아인이 개척한 지중해 항로를 알 수 있다. 먼저 '사이프러스(Cypress : 편백과의 상록침엽수, 노송나무)'를 의미하는 키프로스(Cyprus) 섬이 있다. 키프로스 섬은 유명한 동(銅) 산출지였기 때문에 '동'을 의미하는 쿠퍼(copper)라는 명칭도 키프로스에서 유래했다. 또 '농민의 토지'를 뜻하는 시칠리아 섬은 페니키아가 농업 이민을 보낸 섬이었다. 그 남쪽에 위치한 작은 몰타 섬은 '대피소'라는 뜻이다.

이탈리아 반도의 서쪽에 위치한 사르데냐(Sardegna) 섬은 '신의 발자취'라는 뜻으로, 신이 처음 발을 내디뎠다는 전설이 있다. 사르데냐 섬 주변은 정어리 어장으로 사딘(sardine : 정어리)의 어원이 바로

지중해 도시의 지명에 남아 있는 페니키아와 문자

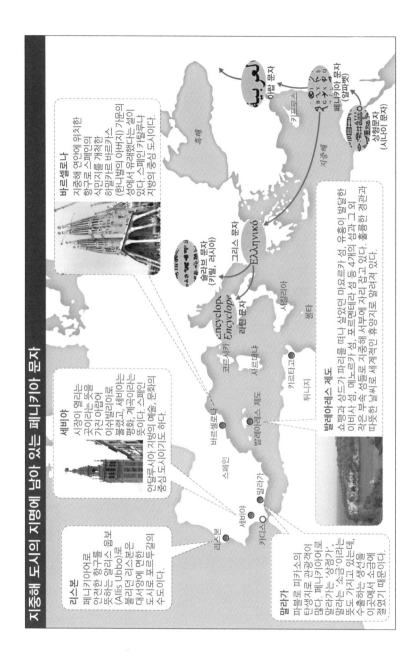

바르셀로나
지중해 연안에 위치한 항구로 스페인의 식민지를 개척한 하밀카르 바르카스 (한니발의 아버지) 가문의 성에서 유래했다는 설이 있다. 스페인 카탈루냐 지방의 중심 도시이다.

세비야
시장이 열리는 곳이라는 뜻을 안전한 항구를 뜻하는 알리스 웁보 (Allis Ubbo)로 불렸고, 세비야는 이스발리야로 평화, 계곡이라는 뜻이다. 스페인 안달루시아 지방의 예술, 문화의 중심 도시이기도 하다.

리스본
페니키아어로 안전한 항구를 뜻하는 알리스 웁보 (Allis Ubbo)로 불리다 리스본은 대서양에 면한 도시로 포르투갈의 수도이다.

말라가
마블로 피카소의 탄생지로 관광객이 많다. 페니키아어로 말라가는 '상점가', 말라가는 '소금'이라는 뜻도 가지고 있는데, 북유럽으로 생선을 수출하는 생선을 소금에 절였다는 이곳에서 소금이 경유지였기 때문이다.

발레아레스 제도
쇼팽과 상드가 머리를 떠나 살았던 마요르카 섬, 유흥이 발달한 이비사 섬, 메노르카 섬, 포르멘테라 섬 등 4개의 섬과 그 외 작은 부속 섬들로 지중해 서부에 자리 잡고 있다. 아름다운 해안과 따뜻한 날씨로 세계적인 휴양지로 알려져 있다.

아랍 문자

페니키아어 문자 (알파벳)

상형문자 (시나이 문자)

그리스 문자

라틴 문자

키릴 문자 (슬라브 문자) (키릴, 러시아어)

Encyclop. *Encyclope*

Ελληνικό

북해

지중해

스페인

리스본

세비야

카디스

말라가

바르셀로나

발레아레스 제도

코르시카

사르데냐

시칠리아

몰타

튀니지

카르타고

사르데냐이다. 그 북쪽에 위치한 코르시카(Corsica) 섬은 나폴레옹 (Napoléon Bonaparte)이 태어난 섬으로 '삼림이 많다'는 뜻이며, 스페인 어로는 '토끼가 많은 토지'라는 뜻이다.

페니키아인은 이집트의 상형문자를 이용해 편리한 문자를 만들어 지중해 연안에 보급했다. 이 페니키아 알파벳에 모음을 추가해 그리스 문자가 만들어졌으며, 이것이 로마로 전해져(라틴 문자) 서유럽 여러 문자의 근원이 되었다. 또 그리스 문자에서 여러 슬라브 문자가 탄생했다.

페니키아인이 튀니지 북부에 식민 도시 카르타고 건설

페니키아인은 기원전 814년경 시칠리아 섬 맞은편에 위치한 튀니지 북부에 식민 도시 카르타고(Carthago)를 건설했다. 카르타고란 페니키아어의 '카르트(새로운)'와 '하다(도시)'가 합성된 말로 '새로운 도시'라는 뜻이다. 튀니스 만을 바라보는 도시 카르타고는 이윽고 서지중해 해역의 중심 도시로 넓은 지역에 걸쳐 네트워크를 구축한다. 튀니지의 수도인 튀니스(카르타고의 최고 여신 타니트에서 유래)의 북동 15킬로미터 지점에 위치한 카르타고는 오늘날 '카르타주'라고 불리는 관광 도시가 되었다.

쇼팽(Frédéric Chopin)과 조르주 상드(George Sand)의 도피행으로 유명한 마요르카(Mallorca) 섬 등으로 구성된 발레아레스(Baleares) 군도는 페니키아인이 믿었던 '바르(태양신)의 땅'이라는 말에서 왔다고도 하

카르타고의 푸니치 지구, 2004년. © BishkekRocks, W-C

고, 원주민의 생활 양식에서 비롯된 지명으로 '돌을 던지는 사람'이
라는 뜻도 있다.

　스페인의 바르셀로나는 '바르카가(家)의 거리'라는 뜻으로, 로마와
의 전쟁에서 활약한 한니발(Hannibal)의 아버지 하밀카르 바르카스
(Hamilcar Barcas) 장군이 이 땅을 개척해서 생긴 이름이라고 한다. 화
가 피카소(Pablo Picasso)가 태어난 곳으로도 유명한 말라가(Malaga)는
'외국인 상점 거류지'라는 뜻이며, 비제(Georges Bizet)의 가극 '카르멘'
의 무대가 된 세비야(Sevilla)는 '평화, 계곡'이라는 뜻을 가지고 있다.
한편, 포르투갈 수도 리스본(Lisbon)은 '좋은 항구'라는 뜻이다.

바다에 진출한 그리스인,
에게 해와 흑해를 잇다

다르다넬스와 보스포루스 해협을 경유해 흑해로 진출

평야가 적은 그리스는 해안선이 복잡하고 좋은 항구가 많은 데다 북에서 불어오는 바람인 '에테시아(Etesian)'와 남에서 불어오는 열풍 '시로코(sirocco)' 덕분에 범선을 이용한 교역 활동을 활발히 전개할 수 있었다. 현재 그리스는 131,957㎢로 남한 면적의 1.3배가 조금 넘는 면적을 가지고 있는데, 국토의 약 70퍼센트가 산이고, 20퍼센트는 섬으로 구성되어 있다.

고대 그리스인은 전설의 신 아폴론(Apollon)이 태어난 에게 해의 델로스 섬('보인다'라는 뜻)을 중심으로 고리 형태로 연결된, 약 220개의 키클라데스 군도(Cyclades ; 그리스어로 '원형으로 모였다'는 뜻)에서 항해기술을 개발해 교역을 확대했다. 대부분의 섬들이 산이 많고 물이 부족했으므로 교역에 의지할 수밖에 없었다. 참고로 그리스는 오늘날에도 돈을 벌기 위해 외국으로 나다니는 나라로 유명하며, 보유하고 있는 선박 톤수는 세계 1위를 자랑하고 있다(2017년 1월 기준).

그리스 초기 상업의 중심은 밀레투스(Miletus)였다. 소아시아의 마이안도로스 강(그리스어로 '곡류천'이라는 뜻) 하구에 위치한 밀레투스는 크레타 섬과 관련이 깊었기 때문에 그 왕가의 인명이 밀레투스라는 도시명의 유래가 되었다.

밀레투스의 상인은 다르다넬스(Dardanelles)와 보스포루스(Bosporus)라는 두 개의 해협을 경유해 흑해로 진출했다. 그리스인은 흑해를 '폰토스에우크세이노스(이방인에게 우호적인 바다)'라고 불렀고, 그 말처럼 흑해 주변에서 곡물과 노예 거래가 활발하게 이루어졌다.

또 밀레투스는 최초로 만물의 근원을 고찰해 그것은 '물'이라고

토프카프 궁전의 장미 정원에서 바라본 이스탄불 보스포루스 해협의 풍경과 크루즈, 2007년. © M.K.T. Istanbul, W-C

주장한 철학자 탈레스(Thales)의 출신지인데, 이곳은 비옥한 토지를 바탕으로 상업을 선도했다. 그런데 이러한 밀레투스가 쇠퇴한 것은 마이안도로스 강의 퇴적으로 항구를 더 이상 이용할 수 없게 되었기 때문이다.

흑해 입구에 위치한 비잔티온(Byzantion : 현 이스탄불)은 이주민 지도자인 비자스와 안타스의 이름에서 유래했으며, 흑해 방면의 대표적인 식민시(市)였다. 또 오늘날 터키 제2의 항만 도시인 이즈미르(Izmir)는 그리스 신화에서 나오는 여전사 아마존의 여왕 가운데 한 명인 스미르나(Smyrna)에서 유래한 이름이다. 이곳 역시 그리스의 식민시이며, 호메로스(Homeros)의 탄생지라고 한다.

나폴리, 니스, 칸 등 지중해의 도시를 그리스인이 건설

그리스인은 에게 해 서쪽에 위치한 이오니아 해(아폴론의 아들 이온에서 유래)에 진출해 이탈리아 반도에서 시칠리아 섬에 걸쳐 대(大)그리스(마그나그라이키아 : Magna Graecia)라고 불리는 식민시 군(群)을 건설했다. 또 육지를 따라 이탈리아 반도를 우회해서 캄파니아(Campania : '대평원'이라는 뜻) 지방에 진출해 네아폴리스(Neapolis : '새로운 도시'라는 뜻)를 세웠다.

이 네아폴리스가 바로 현재의 나폴리이다. 이곳은 세계 3대 미항(美港) 가운데 하나이며, 지중해의 유명한 관광지로 '나폴리를 보고 죽어라'라는 속담이 있을 정도로 자연경관이 아주 뛰어나다. 한편,

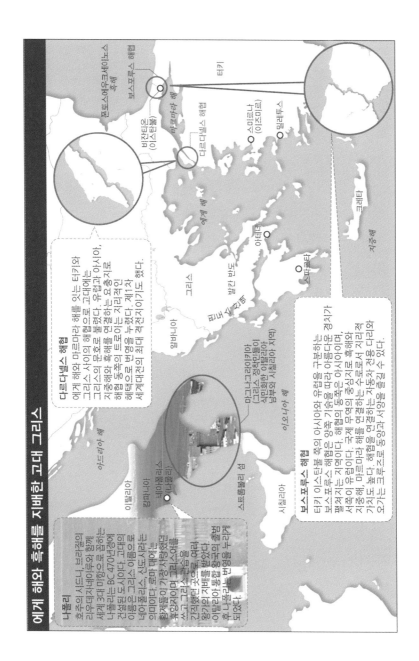

에게 해와 흑해를 지배한 고대 그리스

다르다넬스 해협

에게 해와 마르마라 해를 잇는 터키와 그리스 사이의 해협으로 고대에는 그리스의 문화로 연결하는 유럽과 아시아, 지중해와 흑해를 연결하는 요충지로 해를 동족의 트로이를 누볐다. 제1차 해탈으로 변형 영을 누볐다. 제1차 세계대전의 최대 격전지이기도 했다.

보스포루스 해협

터키 이스탄불을 북쪽이 아시아와 유럽을 구분하는 보스포루스 해협은 양쪽 기슭을 따라 아름다운 경치가 펼쳐지는 지역이다. 해협의 동북은 아시아이며, 서쪽이 유럽이다. 국제 무역의 중심지로 흑해와 지중해, 마르마라 해를 연결하는 수로로써 지리적 가치도 높다. 해협을 연결하는 자동차 전용 다리와 오가는 크루즈로 동양과 서양을 즐길 수 있다.

나폴리

호주의 시드니, 브라질의 리우데자네이루와 함께 세계 3대 미항으로 꼽히는 나폴리는 BC 470년경에 건설된 도시이다. 고대에 이름을 그리스 이름으로 네아폴리스, 신도시라는 의미이다. 문화 대에는 로체들이 가장 사랑했던 휴양지이며 그리스어를 쓰고 그리스 관습을 간직했던 곳으로 여러 당기의 지배를 받으며 이탈리아 통합 우리의 슬픔 호 나폴리는 반영을 누리게 되었다.

남프랑스의 모나코(Monaco ; '헤라클레스가 혼자 사는 곳'이라는 뜻), 니스 (Nice ; '승리의 신 니케의 도시'), 칸(Cannes ; 그리스어의 '갈대'에서 유래), 마살리아('샘이 있는 땅'이라는 뜻, 현재의 마르세유)의 여러 도시도 그리 스인의 손으로 건설되었다.

이처럼 그리스인은 해발 2,000미터의 핀도스('수원(水源)'이라는 뜻) 산맥이 중심인 발칸(Balkan ; '수목이 많은 산줄기'라는 뜻) 반도 남부와 소아시아 연해 지대를 중심으로, 에게 해와 흑해 주변, 남이탈리아 등 인구가 수백 명에서 수천 명인 폴리스 1,000개 이상을 건설했다. 이를 보고 철학자 플라톤(Platon)은 '연못 주변에 모인 개구리와 같다' 라고 묘사했다.

대조적인 성격의 아테네와 스파르타

아테네는 고대 그리스에서 규모가 꽤 크고 유력한 폴리스였다. '아테네'라는 도시 이름은 제우스(Zeus)의 이마에서 무장한 채로 태어났다는 지식과 학예, 무(武)의 여신 아테나(Athena)에서 유래한 것이다. 처녀신 아테나는 '파르테노스(처녀)'라고도 불렸는데, 파르테논 신전이 여기에서 유래되었다.

아테네에서는 기원전 6세기가 되면서 올리브 재배와 도자기, 무구(武具) 생산 등으로 경제가 활성화되었다. 세계에서 처음으로 소아시아의 리디아 왕국에서 만든 동전(엘렉트론이라고 불리는 금과 은의 합금)을 흉내 내서 은화(스타테르)도 만들었고, 곡물과 노예를 수입하는 인구 30만 명의 대상업 도시국가가 되었다.

한편, 그리스의 또 다른 유력한 폴리스인 스파르타는 1,500~2,000명의 시민이 7만 명의 피정복민[2만 명의 페리오이코이(perioikoi ; 반자유 농민)와 5만 명의 헤일로타이(heilotai ; 선주 노예)]을 지배하고 있었는데, 지배자의 수가 더 적은 이 폴리스에서 질서를 유지하기 위해서는 강대한 군사력이 필요했다. 이런 연유로 스파르타에서는 인간을 나약하게 만드는 사치는 죄악으로 여겨졌다. 시민의 자녀는 7살부터 엄격한 집단교육(스파르타 교육)으로 단련을 받았고, 30세가 되어서야 비로소 가정을 꾸리는 것을 허용했다. 일상적으로 15명이 식사단(食事團)을 조직해서 생활했으며, 전시에는 이것이 전투단위가 되었다.

지중해 세계를 형성한
유럽, 아시아, 아프리카

다르다넬스와 보스포루스 해협을 경유해 흑해로 진출

동서로 약 3,800킬로미터인 지중해('육지 속의 바다'라는 뜻)는 훗날 로마제국의 내해가 되어 '마레 노스트룸(Mare Nostrum ; 우리의 바다)'이라고 불렸다. 지중해는 페니키아인과 그리스인에게는 하나의 큰 세계로서 여기에서 '아시아'와 '아프리카', '유럽'이라는 호칭이 생겼다.

'아시아'라는 말은 아시리아제국(일설에는 페니키아)에서 만들어졌다. 소아시아(현재의 터키)에서 광산 자원을 구한 아시리아는 에게 해 동쪽을 '아수(acu ; 동방)'라고 불렀고, 서쪽을 '에레브(ereb ; 해가 지는 땅, 어둠의 땅)'라고 명명했다. 이 '아수'라는 지명은 주로 현재의 터키 공화국(소아시아)을 가리켰는데, 기원전 133년에 페르가몬(Pergamon ;

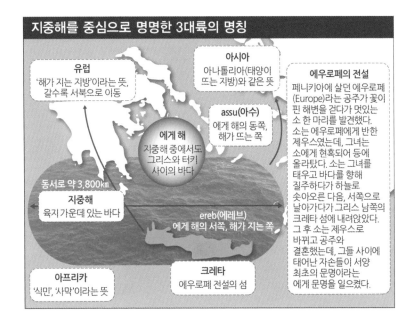

지중해를 중심으로 명명한 3대륙의 명칭

유럽
'해가 지는 지방'이라는 뜻,
갈수록 서북으로 이동

아시아
아나톨리아(태양이
뜨는 지방)와 같은 뜻

에우로페의 전설
페니키아에 살던 에우로페
(Europe)라는 공주가 꽃이
핀 해변을 걷다가 멋있는
소 한 마리를 발견했다.
소는 에우로페에게 반한
제우스였는데, 그녀는
소에게 현혹되어 등에
올라탔다. 소는 그녀를
태우고 바다를 향해
질주하다가 하늘로
솟아오른 다음, 서쪽으로
날아가다가 그리스 남쪽의
크레타 섬에 내려앉았다.
그 후 소는 제우스로
바뀌고 공주와
결혼했는데, 그들 사이에
태어난 자손들이 서양
최초의 문명이라는
에게 문명을 일으켰다.

에게 해
지중해 중에서도
그리스와 터키
사이의 바다

assu(아수)
에게 해의 동쪽,
해가 뜨는 쪽

동서로 약 3,800㎞

지중해
육지 가운데 있는 바다

ereb(에레브)
에게 해의 서쪽, 해가 지는 쪽

아프리카
'식민', '사막'이라는 뜻

크레타
에우로페 전설의 섬

'성'이라는 뜻. 현재의 베르가마)을 중심으로 터키 지방을 지배한 로마제국이 'acu'에 지명 접미사 'ia'를 붙여 '아시아'라 불렀다. 또 터키 지방을 그리스어로 '아나톨리아('태양이 뜨는 동쪽 지방'이라는 뜻)'라고 부르는데, '아시아'와 '아나톨리아'는 같은 뜻이다.

에게 해 동쪽을 '아수', 서쪽을 '에레브'라고 불렀다

'유럽'이라는 말은 페니키아인에 의해 정착된 것으로, 그들이 서방으로 진출함에 따라 아시리아인의 'ereb'라는 말이 확대되어 유럽으

에우로페의 납치, 1727년, 니콜라 코이플, 미국 필라델피아 미술관

로 부르게 되었다.

페니키아인의 전설을 보면, 페니키아 왕의 딸인 에우로페(Europe)를 사랑한 바람기 많은 그리스의 주신 제우스가 흰 수소로 변신해 있다가 에우로페가 등에 타자 그녀를 크레타 섬으로 데려갔는데, 섬 남부에서 이 에우로페가 나중에 크레타 왕이 되는 미노스(Minos)를 비롯한 자녀 세 명을 낳았다. 딸을 잃어버린 페니키아 왕은 다섯 명의 왕자에게 에우로페를 찾아오라고 명령하는데, 이때 에우로페가 수소의 등을 타고 돌아다닌 지역을 그녀의 이름에서 따와 '유럽'이라고 불렀다고도 한다.

'아프리카(africa)'라는 말은 페니키아인이 사용한 '북아프리카 선주민의 땅'을 의미하는 '아프리(afri)인의 땅'에서 왔다. 또 '아프리카'는 카르타고를 건설한 토지와 그 주변을 의미하며, 페니키아어로 '식민'이라는 뜻이기도 하다.

현지 아랍인은 튀니지를 '아프리키아'라고 불렀는데, 이것은 페니키아어의 'Afryguah(식민)'에서 유래한 것이다. 또 '아프리카'는 아랍어로 '먼지'를 의미하는데, 이것은 두말할 필요도 없이 사하라 사막의 모래를 가리키는 말이다.

세계 최대의 '내해'에서 지중해 문명이 태어났다!

세계의 바다에는 5대양과 지중해 등 부속해가 있다

지구는 표면의 70퍼센트가 바다이다. 인공위성에서 보면 육지가 바다보다 현저히 적으므로 지구라기보다 '수구(水球)'라고 해야 옳을 듯하다.

일반적으로 해양 학자들은 바다를 '대양'과 '부속해'로 분류한다.

'대양'은 광대한 해역과 해역에서 시작된 강력한 해류가 존재하는 넓고 깊은 수역을 가리키는데, 현재 전 세계에는 인도양과 대서양, 태평양, 남극해, 북극해의 5개 '대양'이 있다. 이 가운데 인도양(7,344만 제곱킬로미터)과 대서양(8,244만 제곱킬로미터), 태평양(1억 6,525만 제곱킬로미터)이 전체 해양 면적의 89퍼센트를 차지하고 있다. 대양은 교역에서도 중요한 역할을 했는데, 인도양은 기원 전후부터 몬순(계절풍)을 이용해 '교역의 바다'가 되었다. 16세기 이후에는 대서양이 교역의 중심으로 등장한다. 그리고 태평양의 교역은 19세기 후반부터 활성화되었으나, 예부터 폴리네시아인은 여러 지역과 교류를 하고 있었다.

한편 육지에 싸여 있어 독자적인 해류가 없는 바다를 '부속해'라고 한다. 현재 가장 큰 부속해는 지중해이고, 그다음이 카리브 해이다. 그리고 흑해와 홍해 등이 대표적인 부속해에 속한다.

이 밖에도 '만'과 '해협'이 있고, 카스피 해와 아랄 해처럼 소금물이 모여 있는 호수인 '염수호'가 있는데, 이를 모두 합치면 전 세계에 있는 바다는 무려 54개나 된다.

시인 호메로스는 에게 해를 '포도주색의 바다'라고 노래

해양 문명은 항해하기 쉬운 '부속해'에서 시작되었다. 그리고 세계에서 가장 큰 '부속해'인 지중해의 항로는 에게 해에서 시작되어 주변으로 확산되었다.

길이가 640킬로미터이고, 폭이 320킬로미터인 해역에 크고 작은 섬 3,000개가 산재해 있는 '에게 해(다도해)'는 고대 그리스의 시인 호메로스가 '포도주색이 나는 바다'라고 형용했을 정도로 아름다운 바다이다. 이 바다 이름의 유래를 설명한 그리스 신화를 살펴보자.

크레타 섬에 있던 미노스 왕의 왕비가 수소를 사랑해 반인반우(半人半牛)인 아이(미노타우로스 : Minotauros)를 낳았다. 이에 왕은 분노하여 명공 다이달로스(Daidalos)에게 출구를 알 수 없는 미궁(라비린토스 : Labyrinthos)을 짓게 한 뒤 미노타우로스를 미궁에 유폐했다. 그래서 미노타우로스는 미궁에 숨어 있으면서 매년 아테네에 젊은 남녀를 제물로 바치라고 요구했다. 그런데 이 미노타우로스를 퇴치하려고 도전한 사람이 있었는데, 그가 바로 테세우스(Theseus)였다.

테세우스는 미노스 왕의 딸 아리아드네(Ariadne)의 도움으로 미노타우로스를 퇴치하는 데 성공했다. 그러나 성공해서 돌아오면 배에 흰 돛을 걸겠다고 한 아버지와의 약속을 잊어버리고 검은 돛을 걸고 귀환하는 바람에, 이를 본 테세우스의 아버지인 아테네 왕 아이게우스(Aigeus)는 아들이 괴물 퇴치에 실패해 목숨을 잃었다고 오해해 바다에 몸을 던져 죽고 말았다. 이 바다는 아이게우스 왕이 몸을 던졌

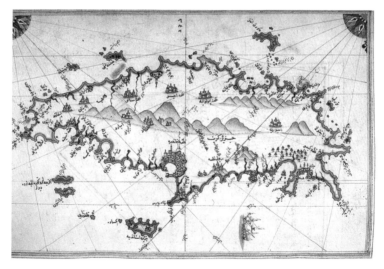

크레타 고지도, 피리 레이스 제독의 그림 지도

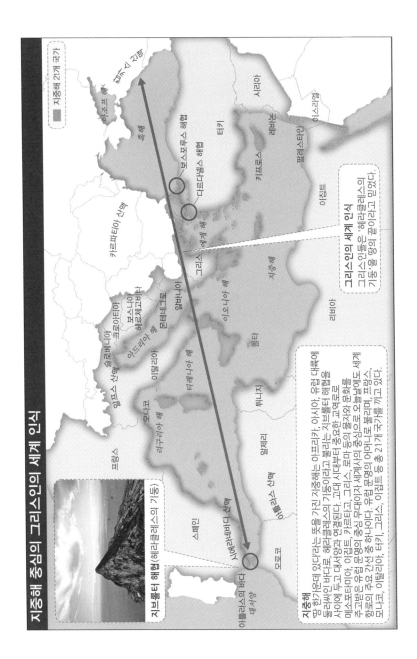

지중해 중심의 그리스인의 세계 인식

지중해 2개국가

보스포루스 해협
다르다넬스 해협

그리스 세계 해

이오니아 해

지중해

티레니아 해

리구리아 해

아드리아 해

발칸반도

몬테네그로

이탈리아

모나코

프랑스

알제리

리비아

몰타

튀니지

시리아

터키

레바논

이스라엘

팔레스타인

이집트

키프로스

크로아티아

슬로베니아

보스니아 헤르체고비나

알프스 산맥

카르파티아 산맥

흑해

아조프 해

크리미아 반도

아펜니노 산맥

아틀라스 산맥

모로코

사르데냐 섬

스페인

대서양

아틀라스의 바다

그리스인의 세계 인식

그리스인들은 '헤라클레스의 기둥'을 땅의 끝이라고 믿었다.

지브롤터 해협(헤라클레스의 기둥)

지중해

땅 한가운데 있다라는 뜻을 가진 지중해는 아프리카, 아시아, 유럽 대륙에 둘러싸인 바다로, 헤라클레스의 기둥이라고 불리는 지브롤터 해협을 사이에 두고 대서양과 연결된다. 고대 사대부터 중요했던 교역로로 메소포타미아, 이집트, 크레타, 그리스, 로마 등의 문자와 문화를 주고받으며 유럽 문명의 중심 무대이자 세계사의 중심으로 오늘날에도 세계 항로의 주요 간선 중 하나이다. 유럽 문명이 어머니로 불리며, 프랑스, 모나코, 이탈리아, 터키, 그리스, 이집트 등 총 21개 국가를 끼고 있다.

다 해서 '아이게우스의 바다'로 이름 붙여졌고, 훗날 에게 해의 어원
이 되었다.

지브롤터 해협의 400미터 바위산이 '헤라클레스의 기둥'

지중해는 이탈리아 반도를 사이에 두고 두 개의 해역으로 나뉘어
있다. 동쪽 해역이 '이오니아(Ionia) 해'이고 서쪽 해역이 '티레니아
(Tyrrhenian) 해'이다.

'이오니아 해'의 어원은 제우스가 질투에 눈이 먼 아내 헤라(Hera)
의 눈을 피하기 위해 흰 암소로 변신시켜 이집트를 건너게 한 '이오
(Iŏ)'의 이름에서 유래한 것이다. '티레니아'의 어원은 에트루리아인
의 선조인 '티레니아족'에서 유래했으며, '티레니아 해'는 그리스인
이 이 해역을 '티레니아인의 바다'라고 불렀다는 데서 유래했다.

'지중해'는 동쪽에 위치한 다르다넬스와 보스포루스 두 해협에 의
해 흑해로 연결되어 있으며, 서쪽은 가장 좁은 폭이 13킬로미터이고
길이가 58킬로미터인 지브롤터 해협으로 대서양과 연결되어 있다.

그리스인은 서쪽 끝에 위치한 지브롤터 해협의 입구에 있는 약
400미터 높이의 바위산을 '헤라클레스의 기둥'이라고 불렀다. 그들
은 이곳이 땅의 끝이며, 영웅 헤라클레스가 '하늘을 떠받치는 기둥'
이 여기에 솟아 있다고 생각한 것이다.

지중해의 서쪽에는 아틀라스, 동쪽에는 프로메테우스

모로코의 산들을 본 그리스인은 세계의 서쪽 끝에서 하늘을 떠받치고 있는 거인 아틀라스를 상상해, 그것을 아틀라스(Atlas) 산맥이라고 이름 지었다. 거인 아틀라스가 신들이 사는 올림포스 산을 공격했다가, 이에 대한 벌로 세상 끝에서 하늘을 떠받치라는 명령을 받았다고 생각한 것이다.

그런데 아틀라스는 인류에게 불을 알려준 대가로 지중해 동쪽 끝에 위치한 캅카스 산맥(흑해와 카스피 해 사이에 끼인 지역)의 절벽에 쇠사슬로 묶여, 매일 독수리에게 생간을 쪼아 먹히는 벌을 받은 프로메테우스(Prometheus)와 형제지간이라고 알려져 있다. 프로메테우스의 간은 밤에는 본래 상태로 돌아왔기 때문에 그는 영원히 고통을 받았다고 한다.

즉, 그리스인은 지중해 세계의 서쪽과 동쪽 끝에 아틀라스와 프로메테우스 형제를 배치해 자신들의 세계 범위를 확정한 것이다. 아틀라스 산맥은 튀니지부터 모로코에 걸쳐 있는, 길이가 2,400킬로미터나 되는 대산맥으로 최고봉은 4,167미터의 투브칼(Toubkal) 산이다.

또 그리스인들은 대서양을 '아틀라스가 지배하는 바다'라고 생각해서 '아틀란티쿠스(거인 아틀라스의 바다)'라고 불렀는데, 이것이 영어의 애틀랜틱 오션(Atlantic Ocean)의 어원이다. 참고로 우리가 부르는 '대서양'이라는 호칭은 로마인이 사용한 '오케아노스 옥시덴타리스(서쪽의 대양)'라는 호칭에서 유래했다.

바다와 육지의 세계를
하나로 연결시킨 대원정

발칸 반도의 마케도니아는 '키가 큰 사람'이라는 뜻

페르시아제국과 그리스인의 폴리스 세계가 함께 쇠퇴한 시기에 발칸 반도에서는 '마케도니아(Macedonia : '키가 큰 사람'이라는 뜻)'가 일어났다.

기원전 334년, 20세의 왕 알렉산더(Alexander)는 그리스 세계를 확대하기 위해 마케도니아 농민과 그리스 여러 도시의 시민으로 구성된 혼성 부대인 약 3만 명의 보병과 5,000명의 기병으로 구성된 군대를 이끌고 소아시아를 향해 정벌을 떠났다.

하지만 알렉산더는 식량을 불과 열흘 치밖에 준비하지 않아 그야말로 죽음을 각오한 원정이었다. 게다가 이 원정에는 여성과 어린이, 상인도 동행해 군사 원정으로는 최악의 상황이었다고 할 수 있다. 이

다리우스에 대한 알렉산더의 첫 번째 승리, 15세기 후반, 작가 미상, 영국 웨일스국립중앙도서관

사실을 안 페르시아 왕은 안이하게 생각한 나머지 알렉산더 군대의 진격에 대비한 총동원령을 내리지 않았다.

그런데 소아시아 연안 지역의 그리스 여러 도시를 정복한 알렉산더 군은 페르시아 왕의 직속 군대를 물리치고, 페니키아 여러 도시를 복속하는 등 거침이 없었다. 이 승리의 여세를 몰아 곡창 지대인 이집트를 침략했다.

페르시아제국에서 자립하기를 원했던 이집트의 지배자는 알렉산더를 해방자로 간주해 이를 환영했다. 그리고 이집트에서 충분한 식량을 구한 알렉산더군은 단숨에 세력이 강화되었다.

물자와 군사의 거점 도시 '알렉산드리아'를 70여 개 건설

알렉산더는 기원전 330년, 보병 20만 명과 기병 4만 5,000명을 보유한 페르시아제국을 무너뜨렸다. 그는 수사의 보물 궁전에 있던 금괴 1,000톤 이상과 금화 225톤을 약탈했으며, 페르세폴리스에 있던 대궁전을 불태워 3,000톤에 달하는 황금을 손에 넣었다. 로마의 역사가 플루타르코스(Plutarchos)는 그들이 약탈한 보물을 운반하는 데 당나귀 2마리가 끄는 화차 1만 대와 낙타 5,000마리가 필요했다고 서술하고 있다.

알렉산더는 페르시아제국을 흡수하려는 생각에 스스로 페르시아 왕의 딸인 스타티라(Statira)와 결혼했고, 고관 80명과 장병 1만여 명도 페르시아인 여성과 결혼시켰다. 그 뒤 그는 세계의 패자(覇者)가 되기 위해 이란 고원과 아프가니스탄을 경유하여 인도를 공격했다.

하지만 알렉산더군은 인도인의 심한 저항과 무더위에 무릎을 꿇고, 원정을 포기한 채 수도 바빌론으로 귀환했다. 알렉산더는 원정을 떠날 때 물자를 보급하고 군사 거점으로 삼을 수 있는 '알렉산드리아'라는 도시를 70개 정도 건설했다고 한다(현재 확인된 것은 25곳). 알렉산드리아는 이슬람 세계에서는 '이스칸다리야'라고 부른다.

알렉산더가 건설한 도시 가운데 지금 남아 있는 것은 수에즈 운하 개통 전의 아시아와 유럽 간의 교통 요충지였던 터키 남부의 이스켄데룬(Iskenderun : '작은 알렉산더의 도시'라는 뜻)과 아프가니스탄 서부의 헤라트('물이 있는 땅'이라는 뜻, 시내를 흐르는 하리(Hari) 강 때문에

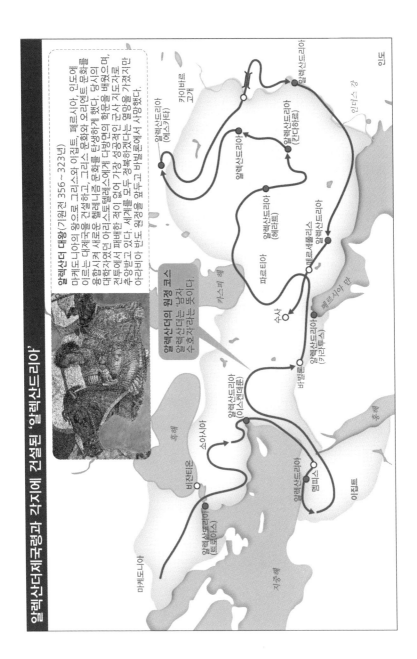

알렉산드리제국령과 각지에 건설된 '알렉산드리아'

알렉산드라 대왕(기원전 356~323년)

마케도니아의 왕으로 그리스와 이집트, 페르시아, 인도에 이르는 대제국을 건설하고, 그리스 문화와 오리엔트 문화를 융합시켜 새로운 헬레니즘 문화를 탄생하게 했다. 당시의 대학자였던 아리스토텔레스에게 학문을 배웠으며, 전투에서 패배한 적이 없어 가장 성공적인 군사 지도자로 추앙받고 있다. 세계를 모두 정복하겠다는 야망을 가졌지만 아라비아가 반도 원정을 앞두고 바빌론에서 사망했다.

알렉산더의 원정 코스
알렉산더라는 '남자 수호자라는 뜻이다.'

페르세폴리스 아르탁세륵세스 궁전 유적의 봄 ⓒ Masoudkhalife, W-C

붙여진 이름), 남부 칸다하르(페르시아어로 '알렉산더'를 의미하는 '이스칸다룬'이 전와(轉訛)된 것) 등이다. 칸다하르는 기원전 329년에 알렉산더가 세운 도시로, 과거에는 '아라코시아의 알렉산드리아(Alexandria Arachosiorum)'이라고 불렸다.

알렉산더가 아라비아 반도로 떠나는 원정을 앞두고 32세의 나이로 급사하자 제국은 혼란에 빠졌다. 그 후 알렉산더를 따르던 장군들은 서아시아와 이집트, 그리스, 마케도니아로 분리해 독립한다.

이집트의 알렉산드리아는 '지중해의 진주'라 불린다

기원전 332년, 알렉산더 왕은 나일 강 하구의 지중해와 마레오티스 (Mareotis) 호 사이에 위치한 땅에 '알렉산드리아'를 건설했다. 이곳은 그리스인과 이집트인, 유대인 등 자유시민만 해도 30만 명이나 되는 거대한 도시였다.

알렉산드리아는 나일 강 유역과 지중해를 연결하는 교역의 요충지가 되었으며, 정치와 경제, 학예의 중심으로 '없는 것은 오로지 눈(雪)뿐'이라고 불릴 정도로 번영했다. '세계 7대 불가사의' 가운데 하나인 높이 135미터의 파로스 등대와 수많은 학자를 배출한 무세이온 등이 이런 번영을 말해주는 건조물이다. 50만 권의 장서를 자랑하는 도서관 역시 당시 최대 규모를 자랑했다.

알렉산드리아는 '지중해의 진주'라고 불릴 정도로 아름다운 도시로 성장했고, 지금도 이집트 제2의 도시이다.

시타델에서 보이는 알렉산드리아의 성벽과 스카이라인. © ASaber91, 2017년, W-C

100년 포에니 전쟁에서 승리, 지중해를 장악한 로마제국

지중해 2대 교역권은 동쪽의 알렉산드리아와 서쪽의 카르타고

지중해는 중앙부의 이탈리아 반도와 시칠리아 섬, 아프리카 북쪽 지역의 튀니지를 연결하는 선을 기준으로 해서 동서로 양분된다. 그리고 지중해 교역권이 성숙 단계에 이르러서는 동쪽의 알렉산드리아(이집트를 거점으로 하는 그리스인)를 중심으로 하는 교역권과, 서쪽의 카르타고(Carthago : 페니키아인이 지배하는 서지중해)를 중심으로 하는 교역권으로 나뉘었다.

이탈리아 반도 중앙부를 흐르는 테베레(Tevere) 강 하구에서 약 25 킬로미터 거슬러 올라간 도하 지점에 위치한 로마는 두 개의 교역권을 잇따라 정복해, 기원전 3세기 전반에 이탈리아 반도를 통일했다.

로마라는 도시 이름은 원주민인 에트루리아인의 '루몬('강의 도시'

라는 뜻)'에서 유래했다고도 하며, 이 도시를 건설했다는 로물루스 (Romulus)에서 따왔다고 하기도 한다. 전설을 보면 군신 아레스(Ares) 와 알바롱가 왕가의 딸인 레아 실비아(Lea Sylvia) 사이에서 태어난 쌍둥이 로물루스와 레무스(Remus)는 어렸을 때 테베레 강에 버려졌다고 전한다. 이후 늑대의 젖을 먹고 자란 뒤 양치기가 이들을 데려다 키웠으며, 기원전 753년에 테베레 강가에 도시를 건설했다고 한다. 나중에 로물루스는 레무스를 살해하고 초대 왕이 되는데, 자신의 이름을 따서 도시에 '루마(Ruma)'라는 이름을 붙였다고 한다. 하지만 실제로 로마가 건국된 것은 기원전 600년경이라고 알려져 있다.

마르스와 실비아, 1617~1620년, 피터 폴 루벤스, 오스트리아 리히텐슈타인미술관

포에니 전쟁에서 승리한 로마는 카르타고를 철저하게 파괴

로마는 반도 남부에 살고 있는 그리스인 이주민과 손을 잡고, 카르타고와 세 차례에 걸쳐 포에니 전쟁(기원전 264~기원전 146년)을 치렀다. '포에니'는 그리스어의 '포이니케(Phoinike)'가 변한 것으로 페니키아를 가리키는 말이다.

두 개의 개펄에 둘러싸인 곳 카르타고는 운하로 연결된 두 개의 항구로 이루어져 있으며, 이 항구의 뒤쪽에는 요새가 건설되어 있었다. 전설을 보면 기원전 9세기 말에 페니키아의 티루스(Tyrus)에서 태어난 여왕 디도(Dido)가 이 도시를 건설했다고 한다. 이름은 '새로운 도시'에서 유래했으며, 튀니지의 또 다른 식민시인 우티카에 비해 새로 건설된 도시였기 때문에 이렇게 불렀다.

로마는 카르타고와 치른 첫 번째 전쟁에서, 지중해 교역의 중심인 시칠리아 섬('시클(낫)을 가진 사람의 땅'이라는 뜻)을 **빼앗았다**. 시칠리아 섬은 카르타고에서 160킬로미터밖에 떨어져 있지 않았다. 그 뒤 카르타고는 스페인 남동부의 항구인 카르타고 노바(새로운 카르타고, 현재의 카르타헤나)를 중심으로 이베리아 반도를 본격적인 식민지로 만들기 시작했다. 카르타헤나는 지금도 항구로 사용되고 있으며, 이곳에는 미군의 해군 기지가 있다.

제2차 포에니 전쟁에서 카르타고의 명장 한니발은 스페인의 카르타고 노바에서 약 5만 명의 군대와 수많은 코끼리를 이끌고 알프스를 넘었다. 곧바로 이탈리아 반도로 치고 들어간 한니발은 8만여 명

포에니 전쟁과 카르타고와 로마의 영토 변화

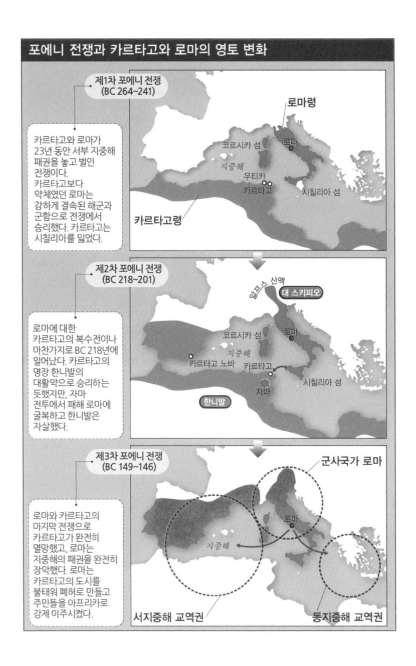

제1차 포에니 전쟁
(BC 264~241)

카르타고와 로마가 23년 동안 서부 지중해 패권을 놓고 벌인 전쟁이다. 카르타고보다 약체였던 로마는 강하게 결속된 해군과 군함으로 전쟁에서 승리했다. 카르타고는 시칠리아를 잃었다.

로마령

코로시카 섬
로마
지중해
우티카
카르타고
시칠리아 섬
카르타고령

제2차 포에니 전쟁
(BC 218~201)

로마에 대한 카르타고의 복수전이나 마찬가지로 BC 218년에 일어났다. 카르타고의 명장 한니발의 대활약으로 승리하는 듯했지만, 자마 전투에서 패해 로마에 굴복하고 한니발은 자살했다.

알프스 산맥
대 스키피오
코로시카 섬
로마
지중해
카르타고 노바
카르타고
자마
시칠리아 섬
한니발

제3차 포에니 전쟁
(BC 149~146)

로마와 카르타고의 마지막 전쟁으로 카르타고가 완전히 멸망했고, 로마는 지중해의 패권을 완전히 장악했다. 로마는 카르타고의 도시를 불태워 폐허로 만들고 주민들을 아프리카로 강제 이주시켰다.

군사국가 로마
로마
지중해
서지중해 교역권
동지중해 교역권

클레오파트라와 안토니우스, 1885년, 로렌스 알마 다테마, 개인 소장

의 로마군을 포위해 그들을 섬멸했다. 하지만 기원전 202년에 카르타고 서남 지역의 자마 전투에서는 로마가 승리해 카르타고로부터 스페인과 북아프리카 땅을 빼앗았다.

　제3차 포에니 전쟁에서 로마는 카르타고를 멸망시키고 서지중해의 교역망을 손에 넣었다. 그리고 로마군은 모멸의 뜻을 담아 완전히 파괴된 카르타고에서 작물이 자라지 못하도록 소금을 뿌렸고, 그 뒤 25년 동안 어느 누구도 카르타고에 들어가는 것을 금지했다.

지중해를 '로마의 바다'라고 부르며 해양제국으로 발돋움

로마는 제2차 포에니 전쟁에서 동지중해에 살던 그리스인이 카르타고를 지원했다는 것을 구실로 삼아 동지중해에도 손을 뻗쳐 기원전 146년에는 마케도니아를, 기원전 64년에는 시리아를 정복했다.

한편, 이집트 프톨레마이오스 왕조의 여왕 클레오파트라(Cleopatra)는 세련된 교양과 미모를 무기로 로마 무장 카이사르와 안토니우스(Marcus Antonius)를 잇달아 자기편으로 만들어 자립을 유지하고자 했다. 하지만 결국 무장 옥타비아누스(Gaius Octavianus)에게 패해 기원전 30년에 이집트는 로마에 병합되었다.

이리하여 로마는 지중해를 '로마의 바다'라고 부르며 대해양제국을 건설했다. 그리고 해양 네트워크를 통해 로마로 대량의 물자들이 운반되었는데, 육로라면 약 100킬로미터밖에 운반하지 못할 비용으로 지중해 끝에서 끝까지 배를 이용해 운반하며 제국의 번영을 이끌었다.

'팍스 로마나'는 라틴 문명과 그리스 문명으로 분열

광대한 지역을 통치하면서 혼란에 빠지기 시작한 로마제국

옥타비아누스(아우구스투스)가 황제로서 제국을 통치한 시대(기원전 27년)로부터 약 200년간, 로마는 지중해 주변뿐만 아니라 스페인, 갈리아('켈트인의 땅'이라는 뜻의 라틴어, 지금의 프랑스) 등 유럽의 2대 강인 라인(Rhein) 강에서 도나우(Donau ; 영어로는 다뉴브) 강에 이르는 알프스 북쪽의 광대한 영토를 지배하는 대제국이 되었다. 질적으로나 양적으로나 가장 융성했던 이 시기를 '로마의 평화(Pax-Romana : 팍스 로마나)' 시대라고 부른다.

로마제국은 알프스 이북에 식민 도시를 건설해 40~50만(전성기)이나 되는 군대를 주둔시켰다. 식민 도시로는 론디니움(Londinium ; 지금의 런던), 루테티아(Lutetia ; 지금의 파리), 루크둠(지금의 리옹), 콜로

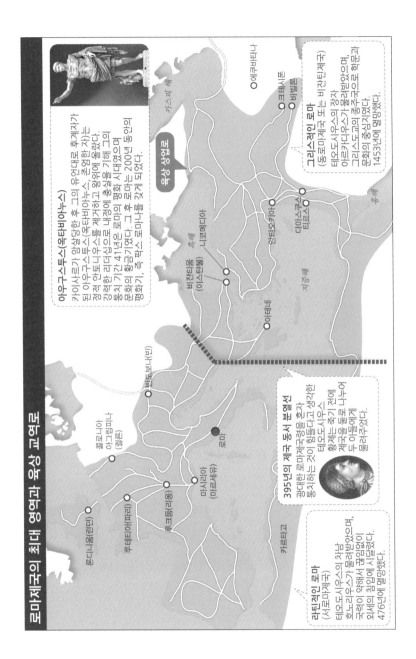

로마제국의 최대 영역과 육상 교역로

아우구스투스(옥타비아누스)

카이사르가 암살당한 후 그의 유언대로 후계자가 된 아우구스투스(옥타비아누스)는 그의 양아버지를 존경한 자)는 정적 안토니우스를 제거하고 왕위에 올랐다. 그의 강력한 리더십으로 내정에 충실을 기해 그의 통치 기간 41년은 로마의 평화의 시대였으며 문화의 황금기였다. 그 후 로마는 200년 동안의 평화기, 즉 팍스 로마나를 갖게 되었다.

육상 상업로

그리스정인 로마

(동로마제국 또는 비잔틴제국)

테오도시우스의 장자 아르카디우스가 물려받았으며, 그리스도교의 중추구심으로 한문과 문화의 중심지였다. 1453년에 멸망했다.

395년의 제국 동서 분열선

광대한 로마제국이 통치하는 것이 힘들다고 생각한 테오도시우스 황제는 죽기 전에 제국을 둘로 나누어 두 아들들에게 물려주었다.

라틴어인 로마 (서로마제국)

테오도시우스의 차남 호노리우스가 물려받았으며, 국력이 약해서 낭령없이 외세의 침입에 시달렸다. 476년에 멸망했다.

니아 아그립피나(지금의 쾰른), 빈도보나(Vindobona ; 지금의 빈) 등 오늘날의 유럽 주요 도시가 대부분이다. 또 로마제국은 유럽 전역에 걸쳐 8만 5,000킬로미터에 이르는 견고한 도로망(지반의 두께가 2미터나 된다)을 건설했다.

지중해 주변이 로마화되면서 제국도시인 로마의 절대적인 지위가 점점 흔들리기 시작했다. 일례로 193년에는 북아프리카 출신의 도나우 강 유역 군단장이 비(非)로마인으로는 처음으로 황제가 된 것을 들 수 있다.

그리고 후에 다양한 민족으로 구성된 속주의 군단들이 하급 병사에서 출세한 지도자를 앞세워 서로 싸우는 혼란 시대(군인황제 시대. 235~284년)에 접어드는데, 이 시기에는 약 50년 동안 26명이나 되는 군인황제가 교체되었다.

잇따라 발생하는 혼란과 도시에 대한 무거운 세금 때문에 로마제국은 급속히 쇠퇴했다.

테오도시우스 대제가 죽으면서 로마제국을 동서로 양분

3세기 말, 오랜만에 로마를 통일한 디오클레티아누스(Diocletianus) 대제는 기존 시스템으로는 제국을 유지할 수 없다고 판단해 군대 규모를 키우고 황제 숭배, 중앙집권적 관료제 도입, 세제 개혁 등을 통해 체제를 강화했다. 이윽고 로마제국은 동서로 나뉘어, 서로 다른 황제가 지배하게 되었다.

의자에 앉은 여인(팍스 로마나 시대의 프레스코화 광고), 1세기경, ⓒ Carole Raddato(사진), 이탈리아 나폴리 국립고고학박물관

그 뒤 콘스탄티누스(Constantinus) 대제는 313년에 밀라노 칙령을 발표해 기독교를 공인하면서 이를 통치에 이용했다. 또 330년에는 오랜 전란으로 황폐해진 로마에서 동방의 비잔티움으로 제국의 수도를 옮긴 뒤, 이 지역의 이름을 콘스탄티누스 대제의 이름에서 따와 '콘스탄티노플(콘스탄티누스의 도시)'이라고 고쳤다. 제국 통치의 중심을 경제가 활발하고 서로 적대시하는 사산 왕조 근처에 위치한 동방으로 옮긴 것이다.

395년, 테오도시우스(Theodosius) 대제가 죽으면서 로마제국을 동서로 양분해 두 아들에게 통치를 맡겼다.

이로써 로마제국은 지중해 동부의 '오리엔트제국(~1453)'과 서부의 '옥시덴트제국(~476)'으로 분열되었다. 그리스 문명과 라틴 문명의 분열이라고 할 수 있다. 제국 통일이 점차 멀어지면서 지중해 세계는 동서로 분열되었다.

'오리엔트'와 '옥시덴트'는 로마제국을 양분하는 용어

영어사전을 찾아보면 '오리엔트(Orient ; 동양)'와 '옥시덴트(Occident ; 서양)'라는 말이 있다.

19세기에 유럽이 강대해지면서 해가 뜨는 방향에 위치한 아시아로 세력을 뻗어나갔는데, 이때 이 아시아 지역을 가리켜 '해가 뜨는 지방'이라는 뜻의 '오리엔트'라는 말이 많이 사용되었다. 반면 '해가 지는 지방'이라는 뜻의 '옥시덴트'는 거의 사용되지 않아 죽은 단어가 되었다.

이 두 단어는 로마제국에 기원을 두고 있다. 라틴어에서 유래하는 '오리엔트'와 '옥시덴트'는 로마제국을 양분하는 말로, 395년에 로마제국이 동쪽의 그리스적인 세계와 서쪽의 라틴적인 세계로 분열됐을 때, 전자를 '오리엔트(비잔티움)제국'이라고 불렀고 후자를 '옥시덴트제국'이라고 불렀던 데서 유래된 말이다.

유라시아와 아시아를
연결한 실크로드의 지배자

유목계 파르티아와 농경계 사산 왕조가 페르시아제국 구성

페르시아(이란)인이 서아시아 지역을 제국으로 통일하자 유목계인 파르티아와 농경계인 사산 왕조가 잇따라 일어났다.

파르티아는 남한 면적의 3배가 넘는 카스피 해(주변에 거주했던 카스피족이 지명의 기원) 남안에 거주하는 스키타이계 유목민 페르시아인인데, 메디아인의 복장을 하고 아리아인의 말을 사용했다. 이들은 말에 박는 편자를 발명한 것으로 알려진 기마 민족으로, 활의 명수이기도 했다.

이들은 아르사케스(Arsakes) 왕의 지도하에 기원전 250년경에 독립했고, 기원전 1세기에는 유프라테스 강에서 인더스 강, 옥서스 강('물의 신이 사는 강'이라는 뜻, 지금의 아무다리야 강)에서 페르시아 만에 이르

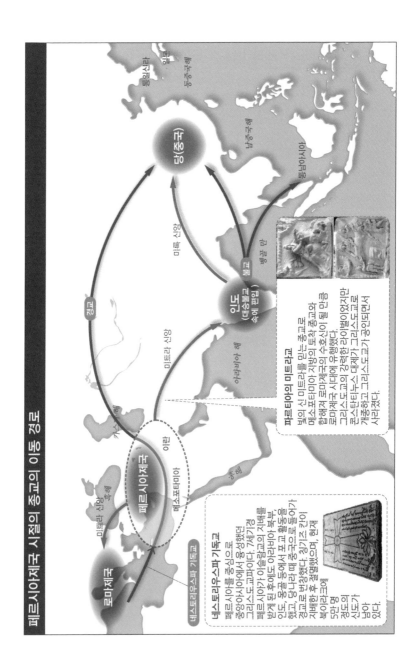

페르시아제국 시절의 종교의 이동 경로

당(중국)

인도(대승불교 속에 편입)

페르시아제국

로마제국

경교

미륵 신앙

미트라 신앙

불교

메소포타미아

이란

네스토리우스파 기독교

네스토리우스파 기독교
페르시아를 중심으로 중앙아시아에서 융성했던 그리스도교파이다. 7세기경 페르시아가 이슬람교의 지배를 받게 된 후에도 아래쪽 북부, 인도, 몽골 등에서 포교 활동을 했고, 당나라 때 중국으로 들어가 경교로 번창했다. 칭기즈 칸이 지배한 후 절멸했으며, 현재 둔황 경교의 5만 명 경도의 신도가 남아 있다.

파르티아의 미트라교
빛의 신 미트라를 믿는 종교로 메소포타미아 지방의 토속 종교와 합해져 로마제국 시대에 빛날 만큼 그리스도교의 강력한 라이벌이었지만 콘스탄티누스 대제가 그리스도교로 개종하고 그리스도교가 공인되면서 사라졌다.

는 대제국을 건설했다.

아르사크 왕조는 농경민 입장에서 보면 침략 세력이었기 때문에 서아시아에서는 정식 왕조로 취급받지 못했고, 그냥 '파르티아'라는 민족 이름으로 불렸다.

서쪽 로마제국과 동쪽 한나라를 연결하는 교역국가로 발전

파르티아는 기원후 224년에 사산 왕조(3세기 전반~7세기 중반)에 정복당했다. 사산 왕조는 아케메네스제국의 부흥을 지향하는 복고적인 제국이었으며 조로아스터교를 국교로 삼았고, 사산 왕조의 왕은 광명신 아후라 마즈다(Ahura Mazdah)의 대리인으로서 방대한 관료 기구를 움직였다.

사산 왕조는 흑해와 카스피 해를 연결하는 아르메니아 지방(건국자 아람 왕의 이름이 기원)의 지배권을 둘러싸고 쇠퇴기에 접어든 로마제국과 싸움을 벌였다. 3세기 후반에는 로마 황제와 7만 명의 병사를 포로로 잡았고, 터키 중남부의 카파도키아(Cappadocia : 아시리아어로 '뛰어난 말의 땅'이라는 뜻)까지 영토를 확대했다. 또 동방으로는 인더스 강 유역의 크샤냐 왕조(1세기~3세기)를 멸망시켜 대영역을 지배했다.

교역 면에서도 실크로드를 지배함으로써 동서 문명 교류의 중심에 섰다. 예를 들어 로마제국에서 이단으로 배척한 네스토리우스파 기독교가 사산 왕조를 경유해 동방에 전해졌는데, 당나라에서 이를 '경교(景敎)'라고 칭하며 믿었다.

사산 왕조의 왕 호스로 2세의 암살, 피르다우시의 서사시 '샤나메'의 일부가 페르시아어로 그림에 쓰여 있다, 1535년

조로아스터교와 불교가 융합되어 탄생한 마니교도 서쪽으로는 지중해 남북 연안으로, 동쪽으로는 중국까지 전파될 정도로 넓은 지역에 보급되었다.

사산 왕조의 정교한 은 세공과 유리그릇, 직물 등은 실크로드를 통해 당나라의 수도 장안으로 전달되었다. 이런 물건 가운데 일부는 한국과 일본에도 전해졌다.

파르티아의 태양신 '미트라'가
불교의 '미륵 신앙'으로 발전

파르티아는 로마제국과 어깨를 나란히 할 정도로 군사적으로 매우 강력한 군사대국이었다. 또 로마제국과 중국 한(漢)나라 중간에 위치한 지리적 이점을 살려 비단 등의 사치품을 중계무역하여 큰 이익을 올렸다. 게다가 파르티아의 지리적 환경 덕분에 그들이 믿던 태양신 미트라를 숭배하는 '미트라교'가 동서 세계에도 확산되었다. 로마제국에서는 미트라 신앙이 군인과 상인 사이에서 확산되어, 기독교와 맞먹는 종교로 성장했다.

또 동쪽에 전해진 미트라 신앙은 인도 크샤나 왕조에서 불교와 융합되어 미륵 신앙이 되었다. 불법이 쇠퇴한 뒤 천상에서 내려와 세상을 바로잡는다는 '미래불'인 미륵이 된 것이다. 미륵 신앙은 당나라와 신라, 일본에도 전해져 널리 확산되었다.

오스트리아 안티카에서 발견된 미트라에움(예배 장소), 2004년, Michelle Touton, W-C

홍해 바닷길을 통해
지중해와 인도양이 연결

홍해와 인도양을 연결하는 '눈물의 문' 바브엘만데브 해협

당시 지중해로 이어지는 유럽 세계의 교역의 중심은 대서양이 아닌, 홍해와 인도양의 접점 지역에 위치한 항구인 아덴(에덴 동산의 에덴과 같은 뜻으로 '기쁨의 땅'이라는 뜻)이었다. 또 이 지역의 특산품이며, 인도에서 지중해에 이르는 넓은 지역에서 고가의 향료로 귀하게 여긴 '유향'과 '몰약'은 많은 상인들이 몰려들 만큼 높은 인기를 끌었다.

한편, 길이가 1,880킬로미터인 홍해는 항해하기 힘든 곳인 바브엘만데브(Bab el-Mandeb : 폭 26킬로미터, 길이 90킬로미터) 해협에서 인도양으로 이어진 아덴 만에 연결되어 있다. 바브엘만데브는 아랍어로 '바브(문, 해협)'와 관사인 엘, '만데브(눈물)'의 합성어로, '눈물의 문'

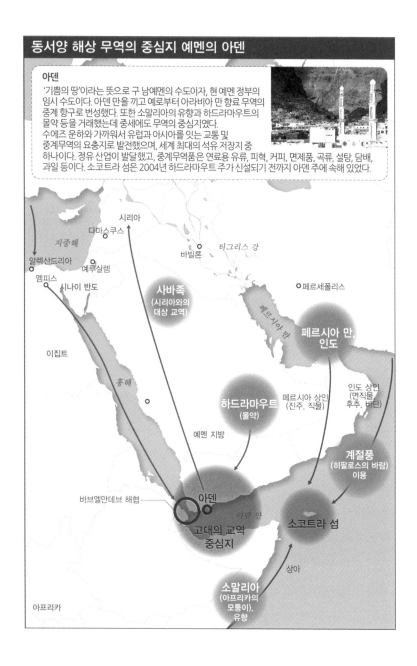

동서양 해상 무역의 중심지 예멘의 아덴

아덴

'기쁨의 땅'이라는 뜻으로 구 남예멘의 수도이자, 현 예멘 정부의 임시 수도이다. 아덴 만을 끼고 예로부터 아라비아 만 향료 무역의 중계 항구로 번성했다. 또한 소말리아의 유향과 하드라마우트의 몰약 등을 거래했는데 중세에도 무역의 중심지였다.
수에즈 운하와 가까워서 유럽과 아시아를 잇는 교통 및 중계무역의 요충지로 발전했으며, 세계 최대의 석유 저장지 중 하나이다. 정유 산업이 발달했고, 중계무역품은 연료용 유류, 피혁, 커피, 면제품, 곡류, 설탕, 담배, 과일 등이다. 소코트라 섬은 2004년 하드라마우트 주가 신설되기 전까지 아덴 주에 속해 있었다.

시리아
다마스쿠스
지중해
바빌론
티그리스 강
알렉산드리아
예루살렘
멤피스
시나이 반도
페르세폴리스
사바족
(시리아와의 대상 교역)
페르시아 만
페르시아 만, 인도
이집트
홍해
하드라마우트
(몰약)
페르시아 상인
(진주, 직물)
인도 상인
(면직물, 후추, 비단)
예멘 지방
계절풍
(히팔로스의 바람) 이용
바브엘만데브 해협
아덴
아덴 만
소코트라 섬
고대의 교역
중심지
상아
소말리아
(아프리카의 모퉁이), 유향
아프리카

이라는 뜻이다. 인도양부터 홍해에 걸쳐 해수의 흐름이 매우 빠르고, 11월부터 3월까지는 몬순(계절풍)이 홍해를 향해 강하게 불기 때문에 항해하기가 힘들어, 선원들을 울렸다는 데서 유래해 이렇게 불렀다.

따라서 홍해와 페르시아 만, 인도를 연결하면서 여름에는 해양에서 대륙을 향해 남동쪽 방향으로 부는 몬순과, 겨울에는 대륙에서 해양을 향해 북동쪽 방향으로 부는 몬순을 잘 이용해서 항해해야 했다. 기압 배치가 규칙적으로 변함에 따라 대륙이 여름에는 저기압이 되고, 겨울에는 고기압이 되기 때문에 일어나는 풍향 변화를 상인들이 이용한 것이다.

향신료 교역으로 막대한 부를 손에 쥔 사바의 여왕

아랍 서남부에 살던 사바(시바)족은 유향과 몰약의 산지인 아라비아 반도 남부의 하드라마우트(아랍어로 '녹색의 죽음'이라는 뜻인데 고대에는 유대인의 거주지였다)와 소말리아(누비아어(Nubian)로 '검은 사람들'이라는 뜻)를 지배했다. 소말리아는 인도양 쪽으로 튀어나온 독특한 지형을 하고 있어 '아프리카의 모퉁이'라고 불린다. 사바족은 '행복한 아라비아'라고 불린 아덴과, 나중에 예멘 지방의 커피를 하역하는 항구로 유명해진 모카('상품'이라는 뜻, 고대 이름은 무자)를 중심으로 국제적인 교역을 행했다.

아덴 앞바다에 위치한 소코트라(Socotra : 산스크리트어로 '최고의 행복'이라는 뜻) 섬은 인도와 아프리카, 아라비아의 교역 중심지였다. 이

솔로몬 왕과 사바의 여왕, 1452~1466년, 프레스코화, 피에로 델라 프란체스카, 이탈리아 아시시 산 프란체스코 대성당

지방에서 산출되는 유향과 몰약이라는 고가의 향신료를 비롯해 인도의 면직물, 페르시아의 진주, 중국의 비단, 아프리카의 상아 등이 광범위하게 거래되었다.

　사바족은 바다에서 나온 고가의 산물을 아라비아 반도 서해안을 따라 시리아와 이집트로 운반하기 위해 낙타로 운반하는 대상(隊商)을 조직해 막대한 부를 축적했다. 《구약성서》에는 사바 왕국의 여왕 빌키스(Bilqis)가 헤브라이 왕국의 솔로몬 왕에게 공물을 바쳤다고 전하고 있는데, 이는 사바 왕국의 활발한 교역 활동을 말해주는 대목이기도 하다.

교역의 중심지 예멘은 '메카의 오른쪽에 있다'라는 뜻이다

로마제국이 번영기에 접어드는 1세기가 되면서 로마 시민들은 유향과 진주, 비단, 상아 등을 상당히 좋아하게 되었다. 구토약을 먹으면서까지 '먹은 것'을 토해내고 또 먹을 정도로 '식도락'가였던 그 로마인이 음식은 뒤로 제치고 값비싼 향신료만을 열심히 탐닉할 정도였다. 따라서 중계무역을 지배하는 사바인이 로마제국의 금화와 은화 가운데 절반을 가져간다고 할 정도로 향신료 교역이 활발했다.

클레오파트라 시절에는 이집트에서 인도 서해안으로 후추를 사러가는 배가 1년에 20척 이하였는데, 기원후에는 6배인 120척으로 늘어나고 배도 대형화되었다. 게다가 이집트의 히팔로스(Hippalos)라는 선원이 아라비아 해의 풍향과 조류가 몬순에 의해 정기적으로 교체된다는 사실을 발견함으로써 안전하게 인도로 항해할 수 있었다. 이 때문에 몬순을 '히팔로스의 바람'이라고도 불렀다. 하지만 이미 옛날부터 인도 상인은 이 몬순을 항해에 이용하고 있었다.

1세기 중반에 이집트에서 쓰인 《에류토라(홍해와 인도양) 해 안내기》에는 홍해의 서해안과 동아프리카 연안, 아라비아 연안, 페르시아 만에서 인더스 강 하구를 거쳐 인도 서해안 남부에 이르는 주요 무역항의 상품이 자세하게 기록되어 있다. 내용을 보면 이집트 상인은 인더스 강 하구의 항구에서는 향료와 약품, 면직물, 중국 비단, 후추, 마노(장식품의 일종)를 구입했고, 서해안에서는 대량의 후추(전체 화물의 2분의 1)와 실론 섬의 보석, 진주, 말레의 대모갑(바다거북의 등딱지), 중국 비단 등을 구입했다.

덧붙여 아라비아 반도 서남부의 예멘(메카의 '오른쪽'에 위치한다는 뜻)에 모인 유향은 이슬람 상인들이 송(宋)대에 중국으로 가져가면서 중국 사회에 침투했다. 송나라의 무역을 관리하는 관청(시박사(市舶司))은 상인에게서 유향을 일괄 구매하고 전매해 중요한 국가 재원으로 삼았다.

2장

유라시아를 지배한
이슬람제국과 몽골제국

세계의 중심 무대로 등장한 이슬람의 아라비아 반도

로마제국과 페르시아제국을 아라비아 반도 중심으로 연결

역사는 예상치 못한 곳에서 전환된다. 7세기 아라비아 반도의 역사를 살펴보면 이를 쉽게 알 수 있다. 이슬람교로 결속된 아랍인이 서로 대립 관계에 있던 지중해 세계(로마제국)와 서아시아 세계(페르시아제국)를 새로운 무대, 즉 아라비아 반도를 중심으로 연결하면서 세계사가 전환하기 시작한 것이다.

면적이 273만 제곱킬로미터인 아라비아 반도는 세계에서 가장 큰 반도로, 유럽 전체 면적의 3분의 1에 해당하는 넓이이다. 이곳의 평균 고도는 약 1,000미터이며 3분의 1 이상은 사막이다. 이 아라비아라는 지명은 아랍인이 이곳을 '비라트 알 아랍'이라고 부른 데서 유래되었는데, 여기서 비라트는 '나라'이고 아랍은 '황야'라는 뜻이다.

무함마드의 이슬람교 창시와 전파

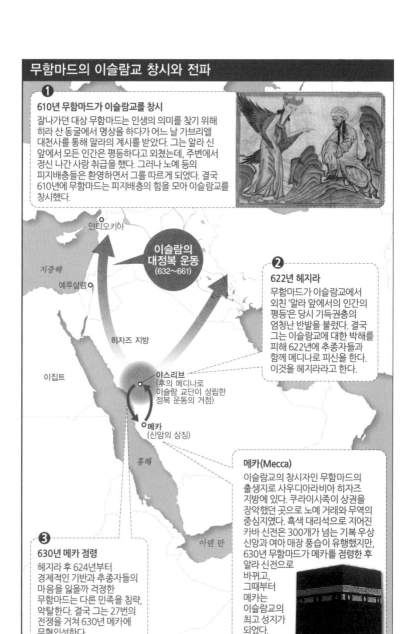

❶
610년 무함마드가 이슬람교를 창시
잘나가던 대상 무함마드는 인생의 의미를 찾기 위해 히라 산 동굴에서 명상을 하다가 어느 날 가브리엘 대천사를 통해 알라 신의 계시를 받았다. 그는 알라 신 앞에서 모든 인간은 평등하다고 외쳤는데, 주변에서 정신 나간 사람 취급을 했다. 그러나 노예 등의 피지배층들은 환영하면서 그를 따르게 되었다. 결국 610년에 무함마드는 피지배층의 힘을 모아 이슬람교를 창시했다.

안티오키아

이슬람의
대정복 운동
(632~661)

지중해
예루살렘

히자즈 지방

이집트

야스리브
(후의 메디나로
이슬람 교단이 성립한
정복 운동의 거점)

메카
(신앙의 상징)

홍해

아덴 만

❷
622년 헤지라
무함마드가 이슬람교에서 외친 '알라 앞에서의 인간의 평등'은 당시 기득권층의 엄청난 반발을 불렀다. 결국 그는 이슬람교에 대한 박해를 피해 622년에 추종자들과 함께 메디나로 피신을 한다. 이것을 헤지라라고 한다.

메카(Mecca)
이슬람교의 창시자인 무함마드의 출생지로 사우디아라비아 히자즈 지방에 있다. 쿠라이시족이 상권을 장악했던 곳으로 노예 거래와 무역의 중심지였다. 흑색 대리석으로 지어진 카바 신전은 300개가 넘는 기복 우상 신앙과 여아 매장 풍습이 유행했지만, 630년 무함마드가 메카를 점령한 후 알라 신전으로 바뀌고, 그때부터 메카는 이슬람교의 최고 성지가 되었다.

❸
630년 메카 점령
헤지라 후 624년부터 경제적인 기반과 추종자들의 마음을 잃을까 걱정한 무함마드는 다른 민족을 침략, 약탈한다. 결국 그는 27번의 전쟁을 거쳐 630년 메카에 무혈입성한다.

6세기에 사산 왕조와 비잔티움제국의 치열한 싸움이 만성화되면서, 동서 교역 루트가 불안한 상황에 놓였다. 이 때문에 시리아와 메소포타미아를 통하지 않고 아라비아 반도의 홍해 연안에 위치한 헤자즈(Hejaz ; '산에 둘러싸였다'라는 뜻) 지방에서 아라비아 해로 가는 우회로가 개척된 것이다.

낙타를 이용한 교역 루트의 중심 도시는 큰 흑운석 '즈하루'를 모시는 입방형의 신전인 '카바(사방체 건물이라는 뜻)'가 세워져 있는 메카였다. '메카'라는 이름은 고(古)아라비아어의 '마코라바(Macoraba ; 성지)'에서 유래한 것으로, 이는 다시 영어의 '본고장', '중심지'를 의미하는 'mecca'의 어원이 된다.

이슬람력으로 12월(순례의 달)이 되면 지금도 전 세계에서 약 200만 명이나 되는 이슬람교도가 대거 메카로 몰려든다.

사막의 대상 상인이었던 무함마드가 창시한 이슬람교

570년경, 메카의 상인 귀족층이었던 하심 가문에서 무함마드(Muhammad)가 태어났다. 그는 유복자로 태어나 6세 때 어머니를 잃었고, 이후에는 조부의 손에서 크다가 조부가 죽자 다시 숙부 집안에서 자랐다. 25세 때는 15세 연상의 부유한 미망인 하디자(Khadijah)와 결혼했고, 그 후 상인으로 성공해 아들 두 명(어렸을 때 모두 사망)과 딸 네 명을 낳았다.

610년 어느 날 밤, 무함마드는 히라 산(메카 교외에 위치한 산으로 무함마드가 이곳에서 명상을 했다. '빛의 산'이라고도 불린다)에서 600개의 날개를 단 대천사 가브리엘(Gabriel)에게서 '너는 신(알라)의 사도이며 예언자이다'라는 계시를 받고, 유일신 알라(Allah)를 절대신으로 하는 이슬람교를 창시했다.

한 부족이 200명 정도인 유목민들이 여러 부족으로 나뉘어 각 부족마다 다른 우상을 믿었던 아라비아 반도의 종교 중심지 메카에서 무함마드는 10년 동안 열심히 포교했다. 하지만 그동안 얻은 신자는 100여 명에 불과했다.

619년에 아내와 숙부가 세상을 떠나자, 무함마드는 포교가 힘든 메카를 떠나기로 결심했다. 622년 7월 16일, 친구 아부 바크르(나중에 초대 칼리프가 됨)와 길 안내자, 해방 노예 세 명을 데리고 북방에 위치한 '대추야자의 대생산지' 야스리브(Yathrib)로 포교 거점을 옮겼다. 야스리브에는 나중에 무함마드의 무덤이 조성되었으며, 훗날 사람들은 이곳을 '마디나트 안 나비(예언자의 마을)'를 줄여 '메디나(도시라는 뜻)'라고 불렀다.

한편, 제자들은 석 달 전부터 몇 명씩 나뉘어 야스리브를 찾아갔으며, 그곳에서 무함마드와 만났다. 이런 교단의 이동을 '헤지라(아랍어로 '도망, 이주'라는 뜻)'라고 하며, 622년이 이슬람력의 '기원 원년'이 되었다.

유목민 베두인족을 이슬람교로 결집시키고 메카를 무혈점령

무함마드는 유대인과 아랍인이 서로 경쟁하는 야스리브에서 권력 기반을 구축하고, 계약 관계에 기반을 둔 교단(움마)을 건설하는 데 성공했다. 무함마드가 거주하는 곳은 예배당으로도 사용되었는데,

무함마드와 무슬림 군대, 1595년, 덴마크 코펜하겐 데이비드 컬렉션

이곳은 최초의 모스크(mosque)가 되었다.

그는 사막 주변에서 낙타와 양, 염소를 기르면서 생활하는 용감한 유목민인 베두인족(베두인은 '황야'를 의미하는 바디아에서 유래)을 복속했고, 메카 상인단에 대해 지하드(알라의 적에 대한 성전, 죽은 자는 '신의 순교자'라는 칭호를 얻었다)를 실시해 전리품 가운데 5분의 1을 교단의 소유로 귀속시켰다.

베두인족을 교단으로 결집하는 데 성공한 이슬람교단은 630년에 메카를 무혈점령해 아라비아 반도 전체에 큰 영향력을 갖게 되었다. 이슬람교를 기반으로 여러 아랍민족연합체가 통일된 아랍 세계를 구축한 것이다.

632년에 무함마드가 젊은 아내 아이샤(Ayesha)의 무릎을 벤 상태에서 급사하자, 이슬람교는 분열의 위기에 직면했다. 이에 교단은 대화를 통해 칼리프(무함마드의 대리인, 후계자)를 선출해 교단이 분열될 위기를 극복했다.

지중해와 페르시아제국을 덮친 아랍의 대정복 운동

시리아와 이라크로 진출하면서 페르시아제국이 멸망

632년에 무함마드가 세상을 떠나자 이슬람 공동체(움마)에서는 '칼리프(신의 사도, 대리인의 후계자)'를 선출해 교단을 재건했다.

2대 칼리프가 된 우마르(Umar)는 '지하드(성전)'를 강화했고, 636년에 20만 명이나 되는 비잔티움의 대군을 격파해 시리아를 정복하는 데 성공했다. 이 전쟁으로 비잔티움군은 4만 명이나 되는 병사를 잃었다고 한다.

637년에는 이라크 지방에서 사산 왕조(페르시아)에 압승을 거두었고, 사와드 지방(이라크 남부, '검은 땅'이라는 뜻)을 지배하에 두었다. 한편 사산 왕조는 642년에 이란 중서부의 사마단('집회 장소'라는 뜻) 부근 전투에서 최후의 반격을 시도했지만 참패했고, 651년에 왕이 민

이슬람의 '대정복 운동'

콘스탄티노플

콘스탄티누스 1세가 330년에 그리스도교를 받아들이면서 식민 도시였던 비잔티움으로 천도를 해서 수도로 삼은 도시이다. 그러나 콘스탄티노플을 손에 넣어야 이슬람의 승리가 완성된다고 했던 무함마드의 말처럼 1453년 술탄 메흐메드 2세가 여기를 점령하고 오스만제국의 수도로 삼게 되었다. 그때부터 콘스탄티노플을 이스탄불로 불렀으며, 1923년 터키가 수도를 앙카라로 옮길 때까지 이슬람 제국 최고 도시로서의 전성기를 누렸다. 현재도 터키 최대의 공업, 군사 도시이자 정치·문화·종교의 중심지이다.

2대 칼리프 오마르의 대정복 시대

이슬람의 본격적인 군사적 정복 활동과 성공은 2대 칼리프였던 오마르 시대에 이루어졌다. 즉 그가 이슬람 대정복 시대의 문을 열었으며, 이슬람제국의 실질적인 창건자나 마찬가지이다. 가장 위대한 칼리프로 꼽히는 그는 641년에 이집트를 정복하고, 642년에 페르시아 고원을 공략했다. 짧은 기간 동안 두 차례에 걸친 큰 승리로 이슬람의 판도는 서쪽의 지중해부터 동쪽의 인도까지 광대해졌다.

기독교 세계

이베리아 반도   콘스탄티노플   아르메니아

지중해   다마스쿠스   바그다드   페르시아제국 (사산 왕조)

아프리카   리비아   이집트   나일 강

메디나   메카   아라비아 반도   홍해

이슬람 세계

이슬람제국의 중심 이동

아라비아 반도 메디나

옛 비잔틴제국 다마스쿠스

서아시아 바그다드

인도양

중에게 살해당하면서 멸망했다.

7~8세기에 걸쳐 약 130만 명의 아랍인이 '민족 대이동'

위에서 살펴본 이런 일련의 행동을 '대정복 운동'이라고 한다. 아랍 전사들은 대농경 지대 주변에 있는 불모의 사막을 배경으로 아라비아산 '단봉 낙타'를 적절하게 이용하며 싸움에 임했다. 그러나 비잔티움군과 사산 왕조군은 모두 사막을 두려워해 사막에는 발을 들여놓지 못해 제대로 전투를 치르지 못했다.

아랍의 정복 활동은 이라크 남동부의 습지대 항구 바스라(Basra ; '부드러운 곳'이라는 뜻)와 이란 중남부의 시라즈(Shiraz ; '사자의 배'라는 뜻. 협곡의 지형이 사자의 배와 비슷했기 때문), 이란 중부의 이스파한(Isfahan ; '싸우기 위한 야영지'라는 뜻), 이집트의 나일 삼각주의 정점에 위치한 푸스타트(Fustat ; '큰 천막'이라는 뜻) 등의 '군사 도시(미스르)'를 발판으로 주변 지역을 정복하는 형태로 이루어졌다. 그리고 정복 후, 아랍인은 군사 도시를 중심으로 피정복지를 '주(州)'로 삼아 지배했다. 아랍인은 각지의 전통적인 시스템을 그대로 존중하며 세금 징수에 주안점을 두었기 때문에, 정복지의 이질적인 시스템이 모자이크 형태로 조합된 제국(우마이야 왕조)이 출현했다.

이런 7~8세기의 대정복 운동을 통해 약 130만 명의 아랍인이 불모의 땅 아라비아 반도에서 시리아와 이집트, 이라크, 이란으로 이주했다. 이를 '민족 대이동'이라고 한다. 아랍인의 민족 대이동으로 인

해 페르시아제국이 붕괴하고, 또 고대 지중해의 통일성이 무너지면
서 세계사가 새로운 국면을 맞이하게 되었다.

우마이야 왕조를 무너뜨린 이란인이 아바스 왕조 창건

이베리아 반도에서 인더스 강 유역까지 확산된 이슬람제국

　정복을 통해 대제국을 건설한 아랍인은 세계를 자신들의 '움마'(이슬람 공동체)와 이교도의 '전쟁의 집'으로 나누었다. 그리고 이 제국을 다스린 우마이야 왕조는 수도를 아라비아 반도의 메디나에서 시리아의 경제 도시 다마스쿠스로 옮겨 비잔티움풍으로 통치했고, 아랍인을 지배 민족으로 삼아 아타(봉급, 연금)를 주면서 우대해 아랍인을 지배자로 하는 '아랍제국'을 유지했다. 하지만 그 후 이슬람은 주류인 수니파와 분파인 시아파로 분열된다.

　무함마드의 언행인 수나(Sunnah)를 따르는 사람이라는 의미에서 비롯된 수니파는 대대로 이어진 칼리프를 정통으로 인정한다. 이슬람교도 전체의 합의를 중시하는 집단으로 오늘날에도 이 수니파가

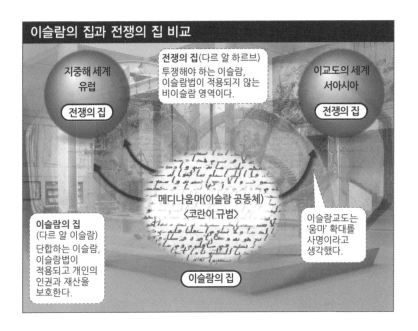

이슬람의 집과 전쟁의 집 비교

지중해 세계
유럽
전쟁의 집

전쟁의 집(다르 알 하르브)
투쟁해야 하는 이슬람,
이슬람법이 적용되지 않는
비이슬람 영역이다.

이교도의 세계
서아시아
전쟁의 집

메디나움마(이슬람 공동체)
〈코란이 규범〉

이슬람교도는
'움마' 확대를
사명이라고
생각했다.

이슬람의 집
(다르 알 이슬람)
단합하는 이슬람,
이슬람법이
적용되고 개인의
인권과 재산을
보호한다.

이슬람의 집

압도적인 다수를 차지하고 있다. 한편 시아파는 제4대 칼리프인 알

리의 자손을 지도자로 인정하며 혈통을 중시한다.

우마이야 왕조는 비(非)아랍인들의 불만을 회피하기 위해 '대정복

운동'을 재개해 동쪽으로는 실크로드의 중심 지역인 소그드 지방과

인더스 강 유역을 편입했고, 서쪽으로는 아프리카 대륙 북안의 리비

아(그리스 신화의 여신 리비아에서 유래)와 튀니지를 정복했다. 튀니지에

만든 카이라완('연병장'이라는 뜻)이라는 군사 도시를 거점으로 삼아

베르베르인(무어인)을 지배했다. 이어서 지브롤터 해협(아랍어로 이 땅

을 지배한 장군 '타리크'의 산이라는 뜻)을 건너 서고트 왕국을 무너뜨린

뒤 이베리아 반도를 지배하에 두었다.

이베리아 반도에서는 남부 도시 코르도바(Curdoba ; '큰 마을'이라는 뜻)가 가장 중요한 곳으로, 이곳은 8세기 후반에 후우마이야 왕조의 수도가 되었다. 코르도바는 가구 수가 20만 정도에 모스크는 7,600개나 되는 대도시이다. 이 수많은 모스크 가운데서도 동서로 125미터, 남북으로 178미터나 되며, 수백 개의 기둥과 아치가 아름다운 대모스크가 가장 유명했다. 이 대모스크는 훗날 기독교도가 국토를 회복하면서 1236년에 교회로 개조되었다.

아랍인의 지배에 불만을 품은 이란인이 이슬람교 시아파로 결집해, 이란 동부 호라산 지방('태양이 뜨는 땅'이라는 뜻)에서 무장봉기했다.

그리고 750년, 이란인 반란군은 우마이야 왕조를 쓰러뜨리고 무함마드의 숙부인 아바스가의 알 아바스를 대칼리프로 하는 아바스 왕조(750~1258)를 창설하는 데 성공했다. 이 아바스 왕조는 아랍인과 페르시아(이란)인 간에 협조 체제를 확립해, 이슬람교도 간의 화해와 평등을 실현했다.

유라시아 대륙을 연결해
광대한 교역권을 구축

바그다드는 '바그(정원)'와 '다드(신)'을 합해 '신의 정원'이라는 뜻

아바스 왕조(750~1258)하에서 이슬람제국은 '경제 부흥의 시대'에 돌입했다. 제2대 칼리프(caliph)인 알 만수르(al-Mansūr)가 10만 명 이상의 장인과 노동자를 4년 동안 투입해 762년에 티그리스 강가에 완성시킨 인공 도시 바그다드가 대(大)유라시아 상업권의 중심이 되었기 때문이다.

바그다드는 페르시아어의 '바그(정원)'와 '다드(신)'가 합쳐져 '신의 정원'이라는 뜻을 가지는데, 아라비아어로 '마디나트 아스살람(Madinat as-Salam : 평화의 도시)'이라는 이름도 가지고 있다. 이 이름으로 미루어 바그다드가 페르시아인과 아랍인이 서로 협조하는 사회의 중심이었다는 사실을 알 수 있다.

아바스 왕조의 전성기는 제5대 칼리프인 하룬 알라시드(재위 786~809) 때로, 바그다드의 인구가 150만 명이 넘었다고 한다.

하룬 알 라시드(Harūn al-Rashid)의 시대를 이야기한《아라비안나이트》에는 '하룬 알 라시드의 이름과 영광이 중앙아시아 언덕에서 북유럽의 숲 구석까지, 또 마그레브(Maghreb : 북아프리카)와 안다르수(이베리아 반도)에서 지나(중국), 달단(타타르 : 유목 세계)의 변경까지 울려퍼졌다'라고 기록되어 있다. 역사의 기록을 보더라도 이 말은 결코 과장이 아니다.

이슬람 사회는 기본적으로 '도시'를 중심으로 이루어지고 있었으며, 무함마드가 상인이었던 만큼 상인의 사회적인 지위가 높았기 때문에 이슬람법으로 상행위가 보호되었다.《코란》을 적는 데 사용한 아랍어라는 공통 언어(오늘날의 영어처럼 국제 공통어)도 대상업권을 형성하는 데 도움을 주었다.

바그다드 남쪽에 위치한 바빌론의 고대 유적지, 2005년 미국 해군 촬영

바그다드는 이슬람 세계를 관리하기 위해 만들어진 인공 도시

바그다드는 광대한 이슬람 세계를 관리하기 위해 인공적으로 만들어진 원형 도시이다. 거대한 성벽에는 동서남북으로 네 개의 문이 만들어졌는데, 이 문은 넓디넓은 유라시아로 연결되어 있다. 또 원형 도시 주변에는 서민이 사는 마을이 형성되어 있었기 때문에 상업의 중심지이기도 했다.

바그다드의 네 개의 문은 다음과 같다.

① 바스라 문은 중국에 이르는 외양선 해항(海港)인 바스라를 경유하고, 아라비아 반도를 횡단해서 메카에 이르는 '바스라 길'과 연결되어 있다. 바스라는 폭염으로 유명한데, 1921년에는 기온이 섭씨 58.8도를 기록했다.

② 호라산 문은 제국 최대의 은 생산지인 이란 북동부의 호라산 지방과 소그드 지방의 사마르칸트('사람이 모이는 마을'이라는 뜻), 부하라(산스크리트어로 '사원'이라는 뜻)를 거쳐 실크로드, 더 나아가서는 제국 제2의 은 생산지인 중앙아시아의 샤슈(오늘날의 타슈켄트. 투르크어로 '돌의 마을'이라는 뜻)로 연결되어 있다. 특히 소그드 지방은 실크로드의 핵심 지역으로 중국과 인도, 티베트, 유목 세계, 러시아 하천을 경유해 발트 해와 연결되는 교역의 중심지였다.

③ 쿠파 문은 쿠파를 경유하는 메카 순례 도로로 메디나를 거쳐 남

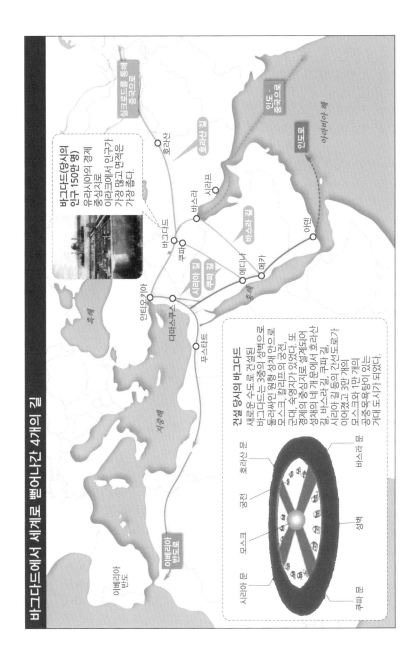

바그다드에서 세계로 뻗어나간 4개의 길

바그다드(당시의 경제인구 150만 명)

유라시아의 경제 중심지로 이라크에서 인구가 가장 많고 면적은 가장 좁다.

실크로드를 통해 중국으로

호라산 길

인도양

인도로

바스라 길

바스라

시라프

아덴

홍해

메카

메디나

루파 길

루파

시리아 길

바그다드

다마스쿠스

안티오키아

무스타트

흑해

지중해

이베리아 반도

콘도르바

건설 당시의 바그다드

새로운 수도로 건설된 바그다드는 3중의 성벽으로 둘러싸인 원형 성채 안으로 모스크, 칼립프의 궁전, 군대, 숙영지가 있었다. 또 경제의 중심지로 설계되어 성채의 네 개 문에서 호라산 길, 바스라 길, 루파 길, 시리아 길 등의 간선도로가 이어졌고 3만 개의 모스크와 1만 개의 공중목욕탕이 있는 거대 도시가 되었다.

호라산 문

궁전

모스크

시리아 문

바스라 문

성벽

루파 문

쪽으로 예멘 지방까지, 그리고 국제 항구 도시인 아덴으로 가는 '쿠파 길'로 연결되어 있다.

④ 시리아 문은 시리아의 대상업 도시인 다마스쿠스에서 시리아와 요르단(헤브라이어로 '강을 내려간다'라는 뜻)을 경유해 이집트의 푸스타트(후의 카이로), 알렉산드리아, 이프리키아(라틴어의 '아프리카'에서 유래, 튀니지 지방의 호칭)의 카이라완, 튀니스, 모로코 지방, 이베리아 반도에 이르는 '시리아의 길'로 연결되어 있다.

8세기의 노예는 아프리카 잔지바르 섬에서 공급되었다

이슬람제국하에서는 아프리카 동안부터 실론 섬(스리랑카)에 이르는 인도양 교역이 눈부시게 활성화되었으며, 페르시아 만에서 중국 남부의 광주(廣州) 만에 이르는 장대한 정기 항로가 개설되었다. 대규모로 사람과 물자, 정보와 문화를 교류할 수 있게 된 것이다. 《아라비안나이트》에 등장하는 선원 신드바드(Sindbad)도 두 차례에 걸쳐 실론 섬을 방문했다.

아바스제국하에서 가장 크게 성장한 분야는 페르시아 만을 축으로 서쪽으로는 동아프리카, 동쪽으로는 인도와 동남아, 중국에 이르는 광대한 해역을 '다우'라는 배로 운항하는 해상 교역이었다. 다우는 봉합한 삼각돛을 사용했기 때문에 바람을 비껴 지그재그로 나아가는 항법을 사용해 전진할 수 있었다.

이슬람 대교역권의 중심은 페르시아 만의 항구 바스라와 중국으로

잔지바르의 옛 성, 2009년, © Harveychl, W-C

항해하는 배의 거점이 되었던 시라프, 홍해와 아라비아 해를 연결하는 아덴 등이었다.

모잠비크('배가 모이는 장소'라는 뜻)를 최남단으로 하여 동아프리카 연안에 건설된 이슬람 상인이 거주하는 항구에서 상아와 대모갑, 금, 노예 등이 수입되었다. 주로 취급하던 상품은 '잔지'라고 불린 흑인 노예인데, 이들은 잔지바르 섬(Zanzibar ; 페르시아어로 '흑인의 해안'이라는 뜻)의 노예시장에서 끌려왔다. 이 잔지바르 섬은 탄자니아 동방 약 35킬로미터 지점에 위치한 산호초의 작은 섬으로, 1948년에 바스코 다 가마가 이곳을 방문했을 때는 아프리카와 서아시아, 인도를 연결하는 교역 센터였다.

이슬람 상인은 인도와 동남아, 중국에 이르는 해상 루트를 항해

인도에서는 사탕수수와 쌀, 면화 등의 작물이 이라크 남부로 이입돼 '잔지'를 이용해 대량으로 생산했는데, 이것을 이슬람 상인이 서아시아에서 지중해 세계로 가져갔다. 슈거(sugar), 라이스(rice), 코튼(cotton) 등의 영어가 아랍어를 어원으로 하는 것도 이 때문이다.

이 작물의 주된 교역로로 발달한 것이 앞에 말했던 '다우'라는 삼각돛 범선을 이용한 '바닷길'이었다. 페르시아 만을 중심으로 서쪽으로는 아프리카 동안과 홍해-지중해로, 동쪽으로는 몇 개의 해역을 연결해 인도와 동남아, 중국 남부 광주에 이르는 해상 루트를 정기적으로 이용했고, 항로를 따라 다수의 이슬람 상인이 거주하는 항구도시가 만들어졌다. 당시 이슬람 상인이 지은 《지나, 인도 이야기》를 보면, 페르시아 만에서 중국 광주까지는 순풍으로 120일간 정도 항해한 것으로 기록되어 있다.

① 시라프에서 남인도 항구인 쿠이론(퀼론)까지 : 한 달
② 쿠이론에서 하르칸드 해(벵골 만)를 거쳐 믈라카 해협 입구까지
　 : 한 달
③ 믈라카 해협을 통과해 베트남 남부까지 : 20일
④ 베트남 남부 연안 항해(차이파까지) : 10일
⑤ 차이파에서 광주까지 : 한 달

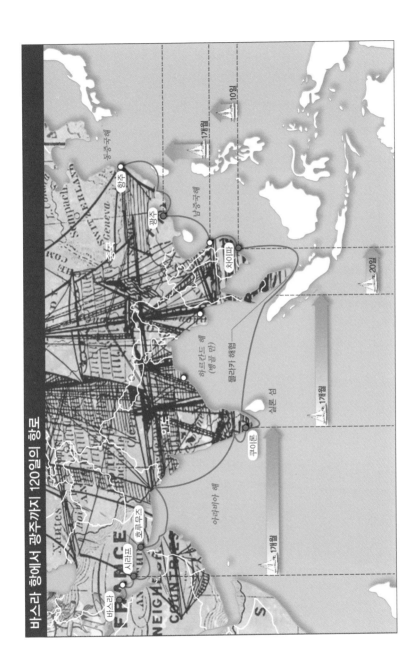

바스라 항에서 광주까지 120일의 항로

10일
1개월
송주앙둥
항주
광주
남중국해
푸야이
20일
하르칸드 해
(벵골 만)
몰라카 해협
실론 섬
1개월
키아른
인도
아라비아 해
17일
1개월
호루무즈
시라프
바스라

《아라비안나이트》에서 선원이었던 신드바드의 마지막 두 차례 항해의 목적지가 실론 섬이었다는 사실에서 알 수 있듯이 아라비아 해의 동쪽 끝에 위치한 실론 섬은 계피 등의 향신료와 보석, 진주 등으로 유명하며, 이슬람 상인이 이용한 주된 무역지이다.

아무튼 최종 목적지인 광주에는 외국 상인들의 자치구를 인정한 거주지가 만들어졌고, 이슬람교도를 위한 모스크도 지어졌다. 일설에는 당시 광주에 12만 명이나 되는 이슬람교도 등이 거주하는 자치구가 설치되었다고 한다. 중국에서는 비단과 공예품 등이 이슬람 세계로 들어왔다.

중앙아시아의 셀주크 왕조가 이슬람의 지배자로 등장

투르크인과 몽골인이 지배한 동서 8,000킬로미터의 대초원

이슬람제국하에서 유라시아 지역을 중심으로 대규모 교역이 이루어지면서, 중앙아시아 대초원에 거주하던 기마 유목민이 이슬람 상인 등과 교류를 통해 유라시아의 역사 무대에 등장하게 된다. 바로 11세기에서 14세기에 걸쳐 중앙아시아의 기마 유목민이 세계사를 주도하는 시대가 열리게 된 것이다. 당시 이슬람 상인의 경제활동과 결합된 중앙아시아의 유목 기마제국을 '넓은 의미의 이슬람 세계'라고 간주할 수도 있다.

중앙아시아의 사막 지대 북쪽에는 헝가리 평원(마자르인의 수장 이름인 '10개의 화살'에서 유래)부터 흑해 북안의 우크라이나, 카자흐스탄, 몽골 고원까지 동서로 8,000킬로미터나 되는 대초원이 이어져 있다.

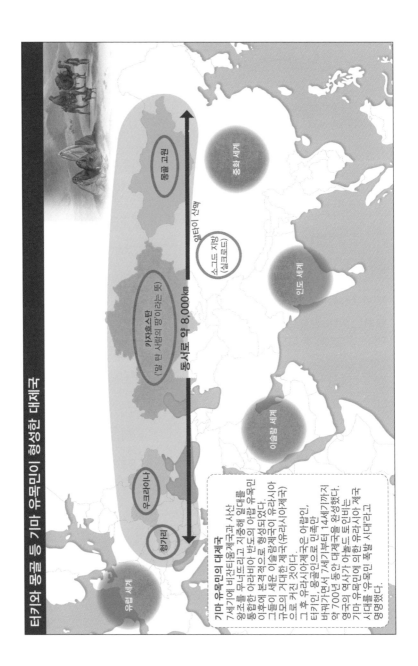

터키와 몽골 등 기마 유목민이 형성한 대제국

몽골 고원

중화 세계

알타이 산맥

카자흐스탄
("알 턴 사람의 땅이라는 뜻")

소그드 지방
(실크로드)

인도 세계

동서로 약 8,000km

이슬람 세계

우크라이나

헝가리

유럽 세계

기마 유목민의 대제국

7세기에 비잔티움제국과 사산왕조를 무너뜨리고 지중해 일대를 통합한 아라비아 반도의 이랍 유목민 이후에 본격적으로 형성되었다. 그들이 세운 이슬람제국이 유라시아 규모의 거대한 제국(유라시아제국)으로 커진 것이다.

그 후 유라시아제국으로 아랍인, 타키인, 몽골인으로 민족이 바뀌가면서 7세기부터 14세기까지 약 700년 동안 대제국들을 완성했다. 영국의 역사가 아놀드 토인비는 기마 유목민에 의한 유라시아 제국 시대를 '유목민의 폭발 시대'라고 명명했다.

이곳에서 활약한 민족은 투르크인과 몽골인이었다. 약 4,000미터급의 산들로 이어진 알타이 산맥을 기준으로 한쪽은 투르크계 유목민이 거주하는 카자흐스탄 초원과, 한쪽은 몽골계 유목민이 거주하는 몽골 초원으로 나뉘어 살고 있다. 알타이는 투르크어와 몽골어로 '금'이라는 뜻인데, 7세기경 이 산맥에서 금과 은 등의 광산물이 산출되어 이런 이름이 붙여졌다.

전투력이 뛰어난 기마 군단을 편성해 대농경 지대를 침략

사막과 초원을 돌아다니며 빈궁한 생활을 해야만 했던 유목민은 재갈과 고삐, 말굽 등 마구 기술이 발달하고, 말 위에서 활을 쏠 수 있는 강력한 단궁을 자유자재로 다루면서 전투력이 급속도로 강해졌다. 전투력이 뛰어난 기마 군단을 편성한 기마 유목민은 남쪽으로 펼쳐진 대농경 지대를 위협했다. 이들은 유목 생활을 하는 동안 익힌 '무리'를 관리하는 능력을 바탕으로 농경 지대를 효율적으로 지배할 수 있었다. 뛰어난 솜씨로 사람과 군대를 관리하면서 군사 대국을 만들었고, 대제국을 건설하고 지배하는 데도 성공했다.

유목민이 건설한 대제국으로는 7세기에 성립된 이슬람제국과, 11세기에 이슬람제국을 정복한 투르크멘(Turkmen, '진정한 투르크'라는 뜻)인의 셀주크 왕조, 13세기~14세기에 걸쳐 유라시아에 거대한 제국을 건설한 몽골인의 몽골제국 등을 들 수 있다. 그러나 14세기 이후 철포와 대포 등의 화기가 보급되면서 전투 방법이 바뀌어 농경 사회의 군사력이 강화되자, 우위를 점하던 유목민의 위치가 뒤바뀌었다. 이로써 유목민이 대농업제국을 흔들어놓던 시대도 종언을 고했다.

셀주크 왕조는 시리아와 팔레스타인, 소아시아까지 진출

여러 민족이 모자이크처럼 결합되어 있던 아바스제국에서는 아랍인과 페르시아인의 대립과 함께 '지방의 자립'이 진행되었는데, 9세기 후반에 가장 빈번하게 발생했다. 이때 소그드 지방 상인은 시르강 북쪽 유목민인 투르크인을 '맘루크(군사노예)'로서 아바스제국에 공급하게 된다. 그러나 이후 '맘루크'의 세력이 커짐에 따라 군사노예에서 해방되었고, 신분 상승과 부를 손에 넣음으로써 터키인과 아바스제국의 결합이 공고해졌다.

한편, 카스피 해 동쪽 사막 주변 초원 지역에서는 투르크멘인(오늘날에는 대부분 투르크메니스탄 공화국에 거주)의 족장인 셀주크(Seljuk)가 이끄는 집단이 일어섰다. 그들은 10세기 말에 이슬람교로 개종했고, 11세기 초에는 이란 북동부에 본거지를 마련했다. 그의 손자 토그릴 베그 시절에 세력을 확대해 이란과 이라크 대부분을 정복해 지배권을 장악했으며, 바그다드의 '칼리프 보호자'로 칭해졌다(셀주크 왕조). 이들은 칼리프에게서 '술탄(아랍어로 '지배자의 지위'라는 뜻)'이라는 칭호를 얻어 세속적인 지배자가 되었으며, 칼리프를 따르지 않는 시아파와 싸움을 벌였다. 이리하여 새로운 지배자가 된 이들 투르크멘인은 각지의 징세권을 장악해나간다.

그 뒤 셀주크 왕조는 시리아와 팔레스타인, 소아시아에 '지하드(성전)'라는 이름으로 진출해서 비잔티움 황제를 포로로 잡았고, 이로 인해 1096년 이후 기독교의 십자군이 일어나게 된다. 하지만 유목민의 습관이 강하게 남아 있던 셀주크 왕조는 전통적인 분할 상속에 따라 영지를 왕족에게 분할하면서 급속히 몰락의 길을 걷게 된다.

유목민은 부족 단위로 공동체 생활 영위

유제류(有蹄類 ; 말, 소 등 집에서 키우는 발굽동물)를 사육하면서 '무리'를 지어 생활하는 사람들을 '유목민'이라 한다. 유목민 한 가족이 생활하려면 양 200마리 정도가 필요한데, 이 때문에 한 지역에 최대 열 가족까지 생활할 수 있다. 그래서 유목민 집단은 서로 10킬로미터 정도 떨어져서 살았다. 이들에게 '말'은 마치 신발 같은 존재였으므로 '말'을 잘 타기 위한 도구를 개발하는 것과 말 타는 기술을 습득하는 것이 매우 중요했다.

이들은 외적의 습격과 격변하는 자연환경, 역병 등의 위협을 받았기 때문에 서로 단결하면서 돕고 살아야 했다. 따라서 대가족(부족)을 단위로 하여 모이거나 흩어지는 일을 반복했다. 강력한 통솔자가 나타나면 부족이 집단을 형성해 '부족국가'가 되었으며, 통솔자가 사라지면 즉시 분열되어 부족 단위로 돌아가거나 모습을 감추었다. 즉, 유목 사회는 농경 사회와는 시스템이 달랐던 것이다.

몽골 고원의 부족을 통합한
칭기즈 칸의 기마 군단

서쪽의 이슬람 세계와 동쪽의 중화 세계를 정복한 기마 민족

알타이 산맥 서쪽에서 투르크멘인이 대두한 시대보다 조금 뒤늦게 동쪽 몽골 고원에서는 칭기즈 칸(Chingiz Khan)이라는 뛰어난 지도자가 출현했다. 그는 이슬람 상인과 손을 잡고 유라시아 대부분을 지배하는 대제국을 건설했다.

한반도부터 아나톨리아에 이르는 유라시아의 광대한 지역을 지배한 몽골제국은 인구가 얼마 안 되는 몽골 고원을 기점으로 동서로 띠 모양으로 펼쳐진 대초원을 지배했으며, 서쪽의 이슬람 세계와 동쪽의 중화 세계(中華世界)를 통합했다. 하지만 대제국의 핵심은 어디까지나 몽골 고원이었다.

유라시아 대륙 북동부에 위치한 몽골 고원은 서쪽으로는 알타이 산맥, 동쪽으로는 대흥안령 산맥, 남쪽으로는 '만리장성'으로 둘러싸여 있는, 비교적 경사가 완만한 고원이다. 평균 고도가 약 1,580미터인 몽골 고원은 중부에서 남부에 걸쳐 해발 1,000~1,200미터 되는 자갈 상태의 고비 사막이 펼쳐져 있었다. 초원 지대의 연간 강수량이 250밀리미터인 데 반해 고비 사막은 100밀리미터 이하이다. 바로 이런 가혹한 환경이 강인한 유목 기마 군단을 길러낸 것이다.

'용맹한 사람'이라는 '몽골'의 의미처럼 몽골 고원에서 활약하는 흉노 등은 예부터 남쪽에 위치한 중화제국을 계속 위협해왔다. 중화제국이 건설한 '만리장성'도 흉노의 군사적인 위협 때문이었다. 몽골 고원의 완만한 경사가 황토 지대까지 이어졌기에 중화제국은 산과 강과는 달리 '인공 경계'인 만리장성을 건설할 수밖에 없었던 것이다.

칭기즈 칸은 금나라의 군사 제도를 도입해 '천호제'로 재편

12세기 몽골 고원은 군웅할거의 시대였다. 당시 몽골 고원을 지배했던 금나라가 대항 세력이 출현할 것을 두려워해 부족 간의 대립을 부추겼기 때문이다.

이런 가운데 두각을 나타낸 지도자가 '초원의 푸른 늑대'의 피를 이어받은 명문 출신이면서, 젊어서 부친이 살해당해 고난의 청년 시대를 보냈고, 45세가 넘어 '칸('왕'이라는 뜻)'의 자리에 오른 테무친(Temuchin : '철인'이라는 뜻)이었다. 참고로 그는 1206년 쿠릴타이(집

칭기즈 칸이 세운 몽골제국의 최대 영토

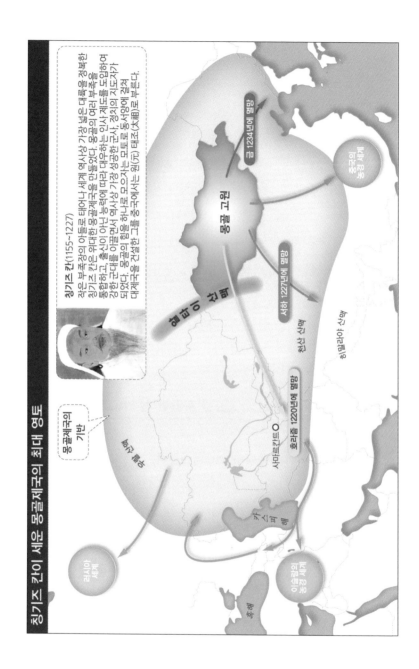

칭기즈 칸(1155~1227)

작은 부족장의 아들로 태어나 세계 역사상 가장 넓은 대륙을 정복한 칭기즈 칸은 위대한 몽골제국을 만들었다. 몽골이 여러 부족을 통합하고, 출신이 아닌 능력에 따라 다양하는 인사 제도를 도입하여 강한 군대를 이끌면서 역사상 가장 성공한 군사, 정치의 지도자가 되었다. 몽골의 힘을 하나로 모으는 모든 도 동서양에 걸쳐 대제국을 건설한 그를 중국에서는 원(元) 태조(太祖)로 부른다.

몽골 고원

힌두쿠시 산맥

금 1234년에 멸망

중국의 농경 세계

서하 1227년에 멸망

천산 산맥

히말라야 산맥

몽골제국의 기반

알타이 산맥

호라즘 1220년에 멸망

사마르칸트

카스피해

러시아 세계

흑해

이슬람의 농경 세계

회)에서 부족장들에게 칸의 지위를 인정받고, 샤먼에게 '칭기즈('빛의 신'이라는 뜻)'라는 칭호를 얻었다.

칭기즈 칸은 고원의 전통적인 유목 사회를 일신했다. 그는 적대적인 관계에 있는 금나라의 군사 제도를 도입해 십진법으로 유목민을 재편(천호제)했다. 그리고 심복 부하를 각각의 장으로 파견해 엄한 군율을 확립했다. 이로써 강력한 기마 군단이 단숨에 성립된 것이다.

칭기즈 칸은 동으로는 실크로드의 오아시스 군락을 지배하던 서하를 공격했고, 서로는 투르크계 신흥국인 호라즘과 협력하며 실크로드 무역을 관리하에 두려고 했다. 하지만 호라즘에 파견한 이슬람 상인을 중심으로 한 사절단이 지방 장관에게 살해당하는 사건이 일어났다. 칭기즈 칸은 다시 한 번 사절단을 보냈지만 이번에는 그들이 소중히 여기는 수염을 깎이는 굴욕적인 사건이 일어났다. 칭기즈 칸은 이에 분노하여 기마 군단 10만 명을 이끌고, 40만 명의 군단을 보유한 호라즘을 공격했다. 참고로 이들은 호라즘을 공격하기 이전에 배후 공격을 당할까 두려워하여 사마르칸트, 부하라 등의 교역 도시를 하나씩 파괴했다.

결국 1220년, 몽골군은 호라즘 왕을 카스피 해의 작은 섬으로 몰아넣은 뒤 살해해 호라즘을 와해했다. 그리고 1227년에는 동남쪽의 서하를 멸망시키면서 칭기즈 칸은 내륙 아시아의 건조 지대를 모두 통일했다.

20년 동안 질풍노도처럼 몰아치며 대영역의 패자(覇者)로 군림하던 칭기즈 칸은, 1227년 말에서 떨어져 입은 상처 때문에 결국 세상을 떠났다. 그의 관은 부르한 산에 매장되었는데, 이 산은 그가 아버지를 잃고 어머니와 살았던 곳이며, 메르키트 족에게 아내를 빼앗긴 후에도 밀림에 숨어 복수의 칼날을 갈던 곳이었다.

그의 무덤은 유목민의 습관에 따라 유목민의 습관에 따라 매장된 땅을 평평하게 만들었기 때문에 그의 무덤이 어디에 있는지는 전혀 알려지지 않고 있다.

유라시아의 4대 권역을 몽골제국이 하나로 통일

동서 8,000킬로미터를 3개월 이내 이동하는 기마 군단

세계 지도를 보면 알겠지만 유라시아 자연의 특색은 북쪽부터 삼림 지대, 초원 지대, 사막(오아시스) 지대, 농경 지대 순서로 되어 있다는 것이다. 따라서 띠를 두른 것처럼 동서로 동일한 기후와 식생을 가진 지역이 펼쳐져 있다.

그리고 동서로 8,000킬로미터에 이르는 대초원은, 말을 타고 하루에 70~80킬로미터나 이동하는 유목민에게는 3개월 정도면 답파할 수 있는 거리였다. 그렇기 때문에 이 초원 지대를 지배한 몽골인이 유라시아를 지배하는 일은 충분히 가능했던 것이다.

대초원 주변에 위치한 러시아에 도전한 것은 제2대 칸인 오고타이(Ogotai)의 명령을 받은 바투(Batu)가 이끄는 10만 명의 원정군이었다.

남북으로 펼쳐진 대초원에서 유럽과 중앙아시아의 전통 사회로 들어가는 입구는 모두 네 곳이었다.

먼저 카스피 해로 흐르는 ① 볼가(Volga ; 러시아로 들어가는 입구) 강으로 침입해 키예프(Kiev)공국을 멸망시킨 뒤, 240년 동안 러시아를 지배하는 기초를 쌓았다. 또 ② 유럽으로 들어가는 입구를 통해 북해 연안과 헝가리 평원을 제패했고, 폴란드('평원의 왕국'이라는 뜻)에 들어가 1241년에 독일과 폴란드 연합군을 격파했다.

이렇게 몽골의 기마 군단이 진격함에 따라 유럽은 점점 위기에 직면한다. 그런데 유럽을 위기에서 구한 것은 아이러니하게도 오고타이의 죽음이었다. 그가 죽음으로써 바투가 제국 내에서 지위를 확보하기 위해 남러시아의 초원으로 돌아가는 바람에 유럽은 더 이상의 피해를 막을 수 있었던 것이다.

유라시아 교역의 중심지 바그다드를 폐허로 만들었다

이슬람 세계로 들어가는 입구는 ③의 소그드 지방과 아프가니스탄이었다. 프라그(Prague)는 제4대 칸인 몽케(Mönke)의 명을 받아 1253년에 서쪽 정벌에 나선다. 그리고 1257년 말에는 바그다드를 공략, 다음 해 2월에 인구 150만을 자랑하던 유라시아 교역의 중심지 바그다드를 멸망시켰다. 그리고 이때 이에 저항하던 아바스제국의 제36대 칼리프를 가죽 주머니에 넣고 말로 밟아 죽였다고 한다.

몽골의 대초원에서 농경지를 향한 4개의 침략로

8,000㎞

중앙아시아를 가로지르는 큰 타원형의 형태로 동서가 약 8,000㎞이다. 말로 달려도 꼬박 석 달이 걸리는 거리이다.

볼가 강

몽골이 유럽을 정복하기 위해 반드시 거쳐야 했던 볼가 강 유역은 러시아 공국들도 무역과 교류에 유리한 지역이라 많은 공격을 받았다. 몽골은 세 번의 침략 끝에 볼가르 왕국을 멸망시켰고, 이어서 키예프공국도 멸망했다.

유럽으로 가는 길

키예프공국 멸망 (13세기 중반)

러시아로 가는 길

폴란드에서 승리 (1241)

칭기즈 칸에 의해 통일(1206)

헝가리 평원

볼가 강

몽골 고원

소그드 지방

북경 주변

아바스 왕국 멸망 (1258)

남송 멸망 (1279)

서아시아로 가는 길

중국으로 가는 길

헝가리 평원

몽골은 러시아 정복으로 자신감을 얻은 후 유럽의 전초기지로 헝가리 평원을 차지하려고 마음먹는다. 하지만 헝가리를 차지하기 전에 폴란드를 침공해서 승리를 거머쥐었다.

소그드 지방(아프가니스탄)

이슬람 세계까지 침투하려던 몽골은 소그드 지방을 발판으로 삼아 유라시아 교역의 중심지 바그다드를 멸망시킨다. 아랍을 다스렸던 아바스제국은 자동으로 멸망했다.

북경

몽골 고원과 맞닿은 지역으로 쿠빌라이 칸이 중국을 지배하기 위해 '칸의 도시'라는 뜻을 가진 거대한 인공 도시를 만들었다. 여기가 오늘날의 북경이다. 몽골은 5년에 걸친 포위전(양양 공방전) 끝에 남송을 공략했고, 남송은 저항도 못하고 멸망했다.

프라그와 그가 이끄는 군대는 7일에 걸쳐 바그다드를 철저하게 약탈하고 학살을 자행했으며, 불을 질러 폐허로 만들었다. 아랍 역사가는 바그다드가 함락되면서 80만 명이 살해되었다고 기록하고 있다. 한편, 프라그는 황후가 네스토리우스파의 기독교도였기 때문에 기독교를 보호하고 이슬람교를 탄압했다.

하지만 몽케가 죽자 프라그는 이란으로 후퇴했다. 따라서 다행히 몽골군의 손이 미치지 않았던 이집트의 카이로가 새로운 이슬람 세계의 중심이 되었다.

'광의의 이슬람 세계'가 유라시아 대부분 지역으로 확산

중화 세계로 들어가는 입구는 ④의 몽골 고원과 접하는, 지금의 북경을 중심으로 하는 지역이었다. 제2대 칸인 오고타이는 1234년에 금나라를 멸망시키고, 이 지역을 포함한 화북 지역을 지배하에 넣었다. 정당한 절차를 통해 칸이 된 동생 아리크부카(Arik-Bukha)를 쓰러뜨리고, 1260년에 제5대 칸이 된 쿠빌라이(Khubilai)는 오고타이의 손자인 카이두가 지도하는 초원의 3개 한국(오고타이한국, 차가타이한국, 킵차크한국)의 반란(카이두의 난)에 직면했다. 위기에 직면한 쿠빌라이는 본격적인 중국 지배에 나섰다.

1266년, 쿠빌라이는 몽골 고원에서 중국으로 들어가는 입구에 대도('칸의 도시'라는 뜻의 '칸바리쿠'라고도 불렸다)라는 거대한 인공 도시를 건설하기 시작한다. 이 대도가 현재 북경이다. 그와 동시에 1271

몽골군에게 함락당한 1258년의 바그다드, 14세기

년에 원나라를 건국했다.

이 밖에도 쿠빌라이는 유명한 은 산지였던 운남 지방과 미얀마, 한반도의 고려, 일본 열도를 공격했다. 그리고 남송을 고립시켰으며, 1279년에 멸망시켰다.

이리하여 동서의 대농경 지대(원나라, 일한국)와 광대한 내륙부의 초원과 사막 지대(오고타이, 차가타이, 킵차크 한국)가 몽골제국으로 통합되었다. '넓은 의미의 이슬람 세계'가 유라시아 대부분의 지역에 확산된 것이다.

3장

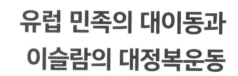

유럽 민족의 대이동과
이슬람의 대정복운동

유목민 훈족의 침략을 받고 유럽 전역으로 대이동

유럽의 지명에 남아 있는 서유럽 켈트인의 흔적

중서부 유럽의 원주민은 켈트인이었다. 이들은 라인 강과 에베르 강, 도나우 강을 벗어나, 기원전 5세기~4세기에 갈리아(라인 강과 알프스 산맥, 피레네 산맥에 둘러싸인 지역. 라틴어로 켈트인을 가리킨다)와 브리타니아(로마의 카이사르가 명명한 것으로 '켈트계 브리튼인의 땅'이라는 뜻)에 진출한 숲의 백성이었으며, 오랫동안 수렵 · 채집 사회를 유지해왔다. 로마제국도 유럽을 '켈트인의 땅'으로 간주했다.

중서부 유럽이 켈트인의 생활권이었다는 사실은 '문화의 화석'이라고 할 수 있는 지명을 봐도 쉽게 알 수 있다. 예를 들어 알프스 산맥(동서로 1,300킬로미터, 남북으로 200킬로미터, 평균 고도 2,500미터)은 켈트어로 '고지의 목장'이라는 뜻이고, 이베리아 반도와의 경계 지점에 있는 피레네 산맥은 '험준한 산'이라는 뜻이며, 이탈리아 반도의 척추라고 할 수 있는 아펜니노 산맥은 '봉우리'라는 뜻이다.

하천의 이름도 마찬가지이다. 런던을 흐르는 템스 강은 대서양의 조수 간만의 차가 커서 상류까지 바닷물이 들어왔기 때문에 '거무스름한 강'이라고 불렸고, 센 강은 '천천히 흐르는 강'이며, 유럽 제3의 강인 북해로 흐르는 라인 강(전체 길이 약 1,320킬로미터)은 '일반적인 강'이라는 뜻이다. 또 유럽에서 두 번째로 큰 대하이며 흑해로 흐르는 도나우 강(전체 길이 약 2,850킬로미터)도 '강, 흐름'이라는 뜻이다.

2세기에 걸쳐 계속된 '게르만 민족의 대이동'

4세기 후반, 흉노족의 후예라고 하는 아시아계 유목민인 훈족이 게르만인의 한 갈래인 흑해 북안의 동고트족을 습격했다. 이에 밀려 게르만인은 로마제국 서부로 이동하게 된다. 대규모 이동은 단속(斷續)적으로 약 2세기 동안 계속되었다. 이것이 이른바 '게르만 민족의 대이동'이다.

게르만 민족이 이동한 흔적을 보여주는 지명은 와인의 산지로 유명한 프랑스의 부르고뉴('부르군트족의 땅'이라는 뜻)와 프랑스('프랑크족'에서 유래), 독일의 프랑크푸르트('프랑크족의 도하 지점'이라는 뜻), 폴란드 북부의 항만 도시인 그단스크('고트인의 요새'라는 뜻), 이탈리아의 롬바르디아('롬바르드인의 땅'에서 유래), 스페인의 안달루시아('반달인의 땅'에서 유래) 등으로 매우 넓게 분포되어 있다.

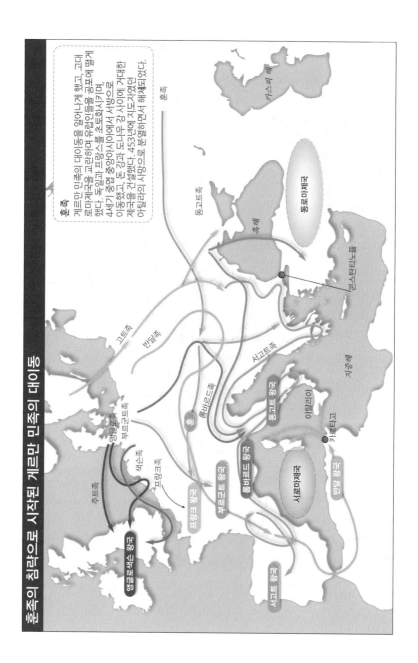

훈족의 침략으로 시작된 게르만 민족의 대이동

훈족

게르만 민족의 대이동을 일어나게 했고, 고대 로마제국을 교란하며 유럽인들을 공포에 떨게 했다. 독일과 프랑스를 초토화시키며, 4세기 중엽 중앙아시아에서 서방으로 이동했고, 또 강과 도나우 강 사이에 거대한 제국을 건설했다. 453년에 지도자였던 아틸라의 사망으로 분열하면서 제국은 해체되었다.

앵글로색슨 왕국

주트족

앵글족
부르군트족
색슨족
프랑크족

프랑크 왕국

부르군트 왕국

서고트 왕국

훈

롬바르드족

동고트 왕국

롬바르드 왕국

서로마제국

반달 왕국

이탈리아

카르타고

지중해

동고트족

흑해

고트족

반달족

서고트족

훈족

동로마제국

콘스탄티노플

카스피 해

한편, 대이동에 참가하지 않고 라인 강 동쪽에 머물렀던 게르만인은 나중에 슬라브인이라고 불리게 된다.

켈트족의 아일랜드, 스코틀랜드, 웨일스와 앵글로색슨족의 잉글랜드는 어떤 차이?

월드컵을 보고 있으면 영국은 잉글랜드, 스코틀랜드, 웨일스, 아일랜드라는 이름으로 각각 참가한다. 영국을 구성하는 연합왕국들이 이렇게 된 연유에 대해 알아보자.

영국의 정식 명칭은 '그레이트 브리튼 및 북부 아일랜드 연합 왕국(United Kingdom of Great Britain and Nothern Ireland)'으로 연방제를 취하고 있는, 상당히 복잡한 국가이다.

영국은 왜 이렇게 복잡한 국가가 된 것일까? 그것은 바로 켈트인의 거주지였던 땅에 로마인과 게르만인이 일정한 간격으로 계속 늘어나면서 그곳에 진출했기 때문이다.

기원전 1세기, 켈트인이 거주하던 브리튼 섬에 로마의 카이사르 군이 진출했다. 당시 브리튼 섬에 거주하던 여러 부족들이 대항했지만 기원전 1세기에는 '갈리아'가, 기원후 1세기에는 '브리타니아'가 로마제국의 지배하에 들어갔다.

참고로 '갈리아'라는 말은 로마인이 브리튼 섬에 살던 켈트인을 '외부인(가리아)'이라고 부른 것에서 유래되었으며, '브리타니아'라는 명칭은 카이사르가 이곳에 살던 켈트인을 총칭해서 '브리탄니'라고 부른 데서 탄생한 말이다. 하지만 로마는 브리튼 섬 북부까지는 지배하지 못했다. 이런 이유로 북부 지방인 웨일스와 스코틀랜드에는 아직 켈트인의 언어와 습관이 남아 있다.

이일랜드는 켈트인의 진설에 따른 '에어(eyre) 여신의 땅'이라는 의미를 가지고 있으며, 웨일스는 나중에 침입한 앵글로색슨족이 켈트인을 '타관 사람'이라고 부른 것에서 유래했다.

'스코틀랜드'의 유래는 좀 복잡하다. 로마인은 아일랜드인을 '스코티'라고 불렀는데, 5~6세기에 북아일랜드인이 브리튼 섬 북부로 이주하자 그 땅을 '스코티의 땅'이라고 했다.

'스코티의 땅'에서 '스코틀랜드'라는 명칭이 생긴 것이다. 그리고 잉글랜드라는 명칭은 게르만인의 일파인 앵글인에서 유래한 것으로 '앵글의 나라'라는 뜻이다.

참고로 앵글로색슨족에게 쫓겨 프랑스로 도망간 켈트인이 있었는데, 이들이 도망간 곳의 지명을 '작은 브리튼'이라는 의미의 '브르타뉴'라고 했다.

켈트족의 전설에 나오는 우물과 샘의 여신

레오 3세가 샤를 마뉴를
서로마제국 황제로 임명

피레네 산맥이 기독교와 이슬람 세계의 경계선이 되었다

7세기부터 8세기에 걸쳐 지중해 세계에서는 이슬람교도의 '대정복 운동'이 폭풍처럼 전개되었다. 이집트 서쪽의 북아프리카 연안은 이슬람 세계에 편입되어 있었는데, 그곳은 '마그레브(Maghreb ; 해가 지는 지방, 서방이라는 뜻) 지방'이라고 불리는 곳이었다. 참고로 이집트 동쪽은 '마슈리크(Mashriq : 해가 뜨는 지방, 동방이라는 뜻) 지방'이라고 부른다.

8세기, 이슬람군은 폭이 15킬로미터인 지브롤터 해협을 건너 이베리아 반도에 도착해 서고트 왕국을 쓰러뜨렸다. 그리고 피레네 산맥을 넘어 카를 마르텔(Karl Martell)이 이끄는 프랑크 왕국군과 프랑스 중부의 투르(Tours)와 푸아티에(Poitiers) 사이에서 싸우다 참패를 맛본

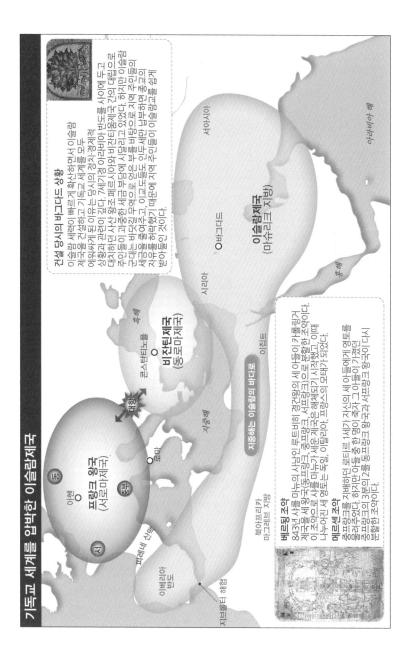

기독교 세계를 압박한 이슬람제국

건설 당시의 바그다드 상황

이슬람 세력이 빠르게 확산하면서 이슬람 제국을 건설하고 기독교 세계를 모두 에워싸게 되어 든든 당시의 정치·경제적 상황과 관련이 있다. 7세기경 아라비아 반도를 사이에 두고 다치하던 사산 왕조 페르시아와 비잔티움제국 간의 대립으로 주민들이 과중한 세금 부담에 시름 부렸다. 하지만 이슬람이 세금을 줄여주고 무역으로 얻은 부를 바탕으로 지역 주민들이 세금을 좋아했고, 이교도들도 신앙 납부하면 종교의 자유를 허용했기 때문에 지역 주민들이 이슬람교를 쉽게 받아들인 것이다.

지중해는 이슬람의 바다로

843년 사를 마뉴의 사남인 루트비히 경건왕의 세 아들이 카를링거 제국을 셋으로(독일), 중프랑크, 서프랑크)으로 분할한 것이다. 이 곳으로 많은 사를 마뉴가 세운 제국은 해체되기 시작했다. 이때 나누어진 세 영토는 독일, 이탈리아, 프랑스의 모태가 되었다.

베르됭 조약

종 프랑크를 지배하던 로타르 1세가 자신의 세 아들에게 영토를 분할해 주었다. 하지만 이들 중 한 명이 죽자 그 아들이 가졌던 종 프랑크의 3분의 2를 동프랑크와 서프랑크가 양국이 다시 분할한 것이다.

메르센 조약

다(732년). 그 결과 피레네 산맥(켈트어로 '험준한 산'이라는 뜻)이 기독교와 이슬람 세계의 경계선이 되었다.

이슬람교도는 지중해 중앙부인 시칠리아 섬도 점령해, 한때 지중해가 '이슬람의 바다'로 변했었다. 이 때문에 기독교 세계의 중심은 지중해를 떠나 알프스 산맥 북쪽에 위치한 프랑크 왕국으로 이동한다.

비잔티움 황제와 대립한 교황 레오 3세가 서로마제국을 재건

비잔티움(동로마) 황제와 기독교 교의를 두고 대립해 골이 깊어진 로마교회는 프랑크 왕국에 접근해 권위를 확립하고자 했기 때문에, 서유럽에 로마제국을 재건할 필요가 있었다. 그래서 800년 크리스마스 날, 교황 레오(Leo) 3세는 로마의 성 베드로 대성당에서 예배를 올리던 프랑크 국왕인 샤를에게 로마 황제의 관을 수여했다. 샤를은 관을 수여받은 직후 "이런 일이 있을 줄 알았다면 로마에는 오지 않았을 것이다"라고 기분이 상해서 중얼거렸다고 한다.

이처럼 교황과 황제가 '성(聖 ; 교권)'과 '속(俗 ; 황제권)'의 역할을 분리함으로써 두 개의 구심점을 가진 중세 유럽 세계가 탄생했다. 훗날 샤를 마뉴는 '유럽의 아버지', 그의 제국은 '유럽의 왕국'이라고 불리게 된다.

프랑크 왕국은 오늘날의 네덜란드와 벨기에 국경 부근에 위치하는 아헨(온천으로 유명하며 라틴어로 '광천'을 뜻함)을 수도로 정하고 체제를

샤를 마뉴의 대관식, 1516~1517년, 라파엘, 바티칸 궁전 벽화

정비했다.

프랑크족은 자식들에게 재산을 분할해서 상속하는 관습이 있었다. 따라서 프랑크 왕국은 각각 843년과 870년에 성립된 '베르됭 조약'과 '메르센 조약'을 통해 서프랑크 왕국(프랑스), 동프랑크 왕국(독일), 중프랑크 왕국(이탈리아)의 3개국으로 분할된다.

962년, 교황이 3개국 가운데 동프랑크 왕국을 다스리는 오토(Otto) 1세에게 황제의 관을 수여함으로써 '신성로마제국(13세기에 들어서면서 이 호칭이 일반화)'이 탄생했다. 1806년에 나폴레옹이 해체할 때까지 신성로마제국은 유럽 여러 왕국 위에 군림하는 권위를 누렸다.

시칠리아에서 그린란드까지,
유럽 전역에 퍼진 바이킹

바이킹은 뛰어난 항해술로 북해, 대서양을 누비며 교역과 약탈

스칸디나비아 반도와 유틀란트 반도 등 발트 해의 연안 지역에 살던 노르웨이인은 농업에 종사했다. 그러나 인구가 늘어나면서 농토가 부족해지고 날씨마저 춥고 살기가 힘들어지자 어쩔 수 없이 약탈과 이주를 할 수밖에 없었다. 선택의 여지가 없었기 때문이다.

바로 이들을 '바이킹'이라고 부른다. 이는 '후미(inlet ; 바다의 일부가 육지 속에 깊숙이 들어간 곳)'를 뜻하는 북유럽어인 'vik'에서 유래했다고 하기도 하고, '교역의 거점'을 뜻하는 옛 영어인 'wic'에서 유래했다고 하기도 한다.

바이킹은 '해도(海圖)' 없이 노르웨이에서 아이슬란드까지 불과 9일 만에 항해할 정도로 항해 기술이 매우 뛰어났고, 이 항해 기술을

바이킹 시대의 일상을 그린 우표

이용해 북해와 대서양, 여러 하천을 자유롭게 왕래했다. 이들은 800년부터 1100년경까지, 이른바 '바이킹 시대'를 주도하면서 교역과 이주, 약탈로 세력권을 확대했다.

스웨덴('우리 동포의 땅'이라는 뜻)인들은 바닥이 낮은 물윗배를 이용해 이슬람제국, 비잔티움제국 등과 활발하게 상업 활동을 전개했다.

이들은 모피와 노예, 호박 등을 교환하면서 손에 넣은 대량의 아랍 은화를 북유럽으로 가져와서 이것을 저울로 달아 화폐로 이용했다. 9세기에 모피의 집산지로 건설된 러시아의 노브고로드(Novgorod : '새로운 도시'라는 뜻)의 스웨덴 이름은 호름가르즈('강 가운데 위치한 섬의 요새'라는 뜻)이다.

여기에 있는 바이킹의 무덤에서 약 4만 개나 되는 아랍 은화가 출토되었는데, 이를 통해 유럽의 화폐 경제는 북유럽에서 서유럽으로 확산되었다는 사실을 알 수 있다.

프랑스 북서부의 노르망디 지방은 '노르웨이인의 땅'이라는 뜻

스칸디나비아 반도 서해안은 겨울에도 얼지 않는 항로로 노르웨이라고 불렸는데(북의 길 ; 'Norreweg'의 영어 표기), 이것이 '노르웨이' 국명의 기원이다. 이곳의 수도 오슬로는 '신의 숲'이라는 뜻으로 항로의 중계 거점이었다.

또 한자 동맹(13세기 후반, 북유럽 도시의 상업적 동맹)의 상업 시설이 건설된 것으로도 유명한 노르웨이 남서부의 베르겐('산간 지역의 목장' 이라는 뜻)은 대구잡이의 중심 항구였으며, 12세기부터 13세기에는 수도로 번영했다. 오늘날에도 피오르(fjord) 관광의 중심이며, 북해 유전의 개발 거점이 되고 있다.

10세기경, 노르웨이인은 아이슬란드와 그린란드부터 북아메리카 대륙까지 항해했다. 북극해에 접한, 세계에서 가장 큰 섬인 그린란드(현재는 덴마크령)는 영어로 '녹색의 땅'이라는 뜻이다. 그런데 이 섬은 중앙에 있는 빙상 두께가 약 3,000미터나 되며, 여름철 평균 기온은 9도밖에 되지 않을 정도로 매우 춥다. 그런 이 땅을 '녹색의 땅'이라고 부른 이유는 무엇일까? 그것은 바로 노르웨이인 에리크(Erik the Red)가 식민지 이주민을 모집하기 위해서 했던 거짓말에서 비롯되었다고 한다.

탁월한 항해술을 가진 노르웨이인은 정치적인 혼란이 지속되는 서유럽의 연해 지역에도 진출했다. 이에 골머리를 앓던 카페 왕조(프랑스)의 왕은 침입한 노르웨이인의 수령 롤로(Rollo)에게 도버 해협을

노르웨이의 베르겐 만 전경, 1890~1905년, © LC-DIG-ppmsc-06107, W-C

바라다보는 노르망디 지방을 주고, 그 대가로 바이킹의 철수를 요구
했다. 참고로 프랑스 북서부에 약 500킬로미터의 해안선을 끼고 있
는 노르망디 지방은 '노르웨이인의 땅'이라는 의미이다.

　이 지방의 생말로 만 안에는 높이가 70미터 정도인 바위로 이루어
진 작은 섬이 있고, 이 작은 섬에는 몽생미셸(Mont-Saint-Michel)이라
는 수도원이 건설되어 있다. 이 수도원은 8세기 반, 이 땅에 있던 주
교의 꿈에 대천사 미카엘(Michael)이 나타나 숲 속의 작은 산에 대천
사를 모시는 성당을 건축할 것을 요구해 건설한 것인데, 이 성당을

유럽 전역으로 진출한 바이킹의 대이동

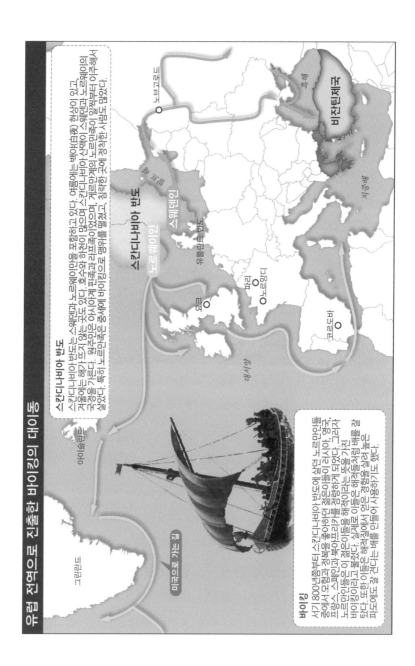

스칸디나비아 반도

스칸디나비아 반도는 스웨덴과 노르웨이와를 포함하고 있다. 여름에는 백야(白夜) 현상이 있고, 겨울에는 해가 뜨지 않는 극도 있다. 호수와 하천이 많으며 스칸디나비아 산맥에서 이어져 내려오는 빙하에 의해 깎인 절벽으로부터 안쪽의 육지까지 깊숙이 들어온 만을 뜻하는 피오르는 아름다운 경치를 가진다. 특히 노르디크는 중세에 바이킹으로 명성을 떨쳤고, 참혹한 곳에 정착한 사람도 많았다.

스칸디나비아 반도

- 노브고로드
- 노르웨이인
- 스웨덴인
- 유틀란트반도
- 요르
- 파리
- 노르망디
- 코르도바
- 대서양
- 비잔틴제국
- 북해
- 지중해

- 그린란드
- 아이슬란드

미국으로 가는 길

바이킹

서기 800년쯤부터 스칸디나비아 반도에 살던 노르만인들 중에서 모험과 정복을 좋아하던 젊은이들이 러시아, 영국, 프랑스, 스페인과 북아프리카를 정벌하게 되었다. 그러자 노르만인들이 이 젊은이들을 해적이라는 뜻을 가진 바이킹이라고 불렀다. 실제로 이들은 해적질이나 배를 잘 탔다. 또한 이들은 해상길에서 얻은 경험을 살려 높은 파도에도 잘 견디는 배를 만들어서 사용하기도 했다.

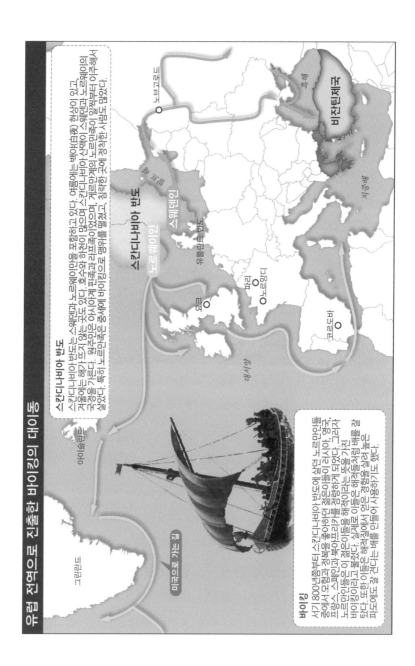

프랑스 노르망디의 몽생미셸, 2011년, © Diliff, W-C

건설한 뒤에 갑자기 해일이 밀어닥쳐 오늘날과 같은 만(灣)이 생겼다
고 한다.

이 때문에 몽생미셸은 대천사 미카엘을 모시는 성지가 되었으며,
해마다 수천 명이나 되는 순례자들이 방문한다. 오늘날, 프랑스의 유
명한 관광지 가운데 하나이다.

1066년이 되자 노르망디 지방을 지배하던 노르망디 공 윌리엄
(William)이 영국의 헤이스팅스('용감한 사람들'이라는 뜻) 전투에서 승
리해 잉글랜드를 정복하고 노르만 왕조(1066~1154)를 열었다.

이 때문에 백년 전쟁까지 영국 왕조의 공용어는 프랑스어였다. 영어의 비프(beef ; 쇠고기), 머튼(mutton ; 양고기), 포크(pork ; 돼지고기) 등의 단어가 모두 프랑스어 계통이라는 것을 알면 영국 왕조의 공용어가 프랑스어였다는 사실을 좀 더 쉽게 이해할 수 있을 것이다.

이후, 11세기 말이 되자 노르만인은 지중해에 진출해 시칠리아 섬과 이탈리아 반도 남부를 점령한다. 그리고 12세기에 노르만인의 지배자는 교황에게 왕의 지위를 인정받았고, 그가 다스리는 나라는 시칠리아 왕국이 되었다.

동서 문명의 교차점이었던 동로마의 콘스탄티노플

콘스탄티누스 황제가 동로마를 멸망시키고 비잔티움으로 천도

324년에 서로마 황제 콘스탄티누스는 비잔티움(원래 고대 그리스의 식민 도시로 메가라 출신이었던 비자스가 창건해 그의 이름에서 따왔다) 부근에서 동로마 황제군을 물리쳤다.

비잔티움은 유럽과 아시아를 나누는 보스포루스(Bosporus) 해협의 유럽 지역에 모퉁이처럼 돌출된 반도 상의 도시이다. 흑해와 지중해 사이에 자리 잡아 교역 요충지라고 하는 지리적 이점과 천혜의 항구인 금각만을 활용해 곡물 무역으로 번영했다.

콘스탄티누스 황제는 로마와 마찬가지로 일곱 개의 언덕 위에 전쟁으로 파괴된 비잔티움을 재건했는데, 이때 시의 영역이 네 배로 확대되었다. 또 그는 330년에 '성모 마리아에게 바치는 도시'라며 로

동서의 교차로에 있는 교역 도시 콘스탄티노플

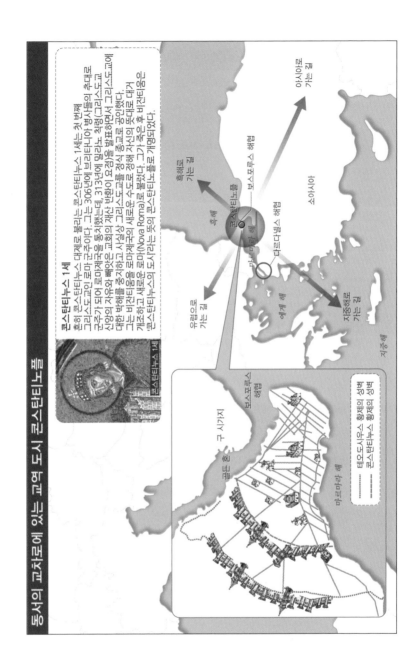

콘스탄티누스 1세

흔히 콘스탄티누스 대제로 불리는 콘스탄티누스 1세는 첫 번째 그리스도교인 로마 군주이다. 그는 306년에 브리타니아 병사들의 추대로 군주가 되어 로마제국을 통치했는데, 313년에 밀라노 칙령(그리스도교 신앙의 자유와 빼앗은 교회의 재산 반환이 요점)을 발표하면서 그리스도 교에 대한 박해를 중지하고 사실상 그리스도교를 정식 종교로 공인했다. 그는 비잔티움을 로마제국의 새로운 수도로 정해 자신의 뜻대로 대거 개조하고 새로운 로마(Nova Roma)로 불렀다. 그가 죽은 후 비잔티움은 콘스탄티누스의 도시라는 뜻의 콘스탄티노플로 개명되었다.

콘스탄티누스 1세

아시아로 가는 길

흑해로 가는 길

보스포루스 해협

콘스탄티노플

다르다넬스 해협

소아시아

흑해

유럽으로 가는 길

마르마라 해

에게 해

지중해로 가는 길

지중해

구 시가지

보스포루스 해협

골든 혼

마르마라 해

테오도시우스 황제의 성벽
콘스탄티누스 황제의 성벽

마에서 천도해, 이 지역을 '신 로마'(노바 로마) 또는 '제2의 로마'라고 이름 붙였다. 이곳은 나중에 콘스탄티누스 황제의 이름을 따서 '콘스탄티노폴리스('콘스탄티누스의 도시'라는 뜻)', 즉 '콘스탄티노플'이라고 불리게 되엇다. 그 뒤 413년에는 테오도시우스가 시가지 주변을 견고한 성벽으로 둘러싸 요새 도시가 되었다.

395년에 로마제국은 동서로 분열되었다. 그리고 콘스탄티노플을 수도로 정한 동로마제국은 476년에 서로마제국이 멸망한 뒤에도 오랫동안 존속했다.

콘스탄티누스 황제는 로마제국의 영토를 자신의 것으로 간주해, 어떤 법률에도 따르지 않고 자신이 절대권력을 가지고 통치했다. 콘스탄티누스 황제는 기독교의 유일한 지배자라 자임했고(황제교황주의), 자신의 권위와 권력을 가시화하기 위해 매일 5만 명의 노동자를 동원해 5년 동안 직경 31미터, 높이 56미터의 청동으로 만든 원형 지붕에다 화려한 벽화와 모자이크로 장식을 한 '성 소피아 성당'(현재의 아야소피아 모스크)을 완성했다.

하지만 이 대성당을 비롯해 여러 건축물을 짓는 데 지출된 막대한 비용과 정복 전쟁으로 인해 재정이 악화되었으며, 역병이 만연해 인구가 줄어들면서 비잔티움제국은 쇠퇴의 길로 접어들었다.

비잔티움 황제의 요청으로 기독교의 십자군 원정이 시작

7세기가 되면서 발칸 반도 대부분은 아바르인과 슬라브인, 마자르

비잔티움 건축의 대표작인 성소피아 성당, 2013년, 터키 이스탄불, © ArildV, W–C

인의 차지가 되었다. 참고로 헝가리는 영어 이름이며, 헝가리인 자신들은 '마자르 오르자크('마자르인의 나라'라는 뜻)'라고 부른다.

　도나우 강이 흐르는 헝가리 수도 부다페스트는 군사 거점이 된 서안의 부다(마자르어로 '오두막집'이라는 뜻)와 동안의 상업 지역인 페스트(슬라브어로 '석탄을 때는 가마'라는 뜻)가 1872년에 합쳐져 지어진 명칭이다. 현재 세르비아('동료'라는 뜻)와 몬테네그로(세르비아어로 '검은 산'을 라틴어로 번역한 것)로 나눠진 옛 유고슬라비아는 '남(南)슬라브인의 나라'라는 뜻이다.

　한편 7세기에는 이슬람교도의 정복 활동으로 곡창 지대인 이집트와 상업 중심지인 시리아가 모두 이슬람교도에게 정복당했다. 콘스탄티노플도 두 번이나 이슬람군에게 포위당했는데, 그리스의 불(火)이라는 일종의 화염 방사기를 이용해 겨우 침략을 막았다. 그동안 이슬람제국은 전 국토를 7개의 군관구(나중에는 31개)로 나눠 철통같은 방위 국가로 변모했다.

또 11세기가 되면서 사실상 이슬람제국을 탈취한 셀주크 왕조의 군대가 소아시아 깊숙이 침입했고, 1071년에 동로마 황제군을 격파하고 비잔티움제국령의 대부분을 빼앗았다. 기괴한 돌들이 많기로 유명한 터키의 카파도키아(Cappadocia ; 아시리아어로 '뛰어난 말의 땅'이라는 뜻)에 있는 지하 도시는 이슬람군의 공격을 피하기 위한 지하 방공호였던 것이다. 한때는 30개가 넘는 지하 도시가 서로 연결되어 있었고, 인구는 10만 명이나 되었다고 한다.

비잔티움 황제의 원조 요청에 응해 십자군 원정이 시작되면서, 이번에는 원정에 참여한 서로마교회 교황과 제후들의 압력이 증대했다. 1204년에 베네치아 상인이 주도권을 쥔 제4차 십자군이 혼란에 빠진 콘스탄티노플을 점령하면서 '라틴제국'이라는 괴뢰정권이 수립되어, 실권이 베네치아 상인 손에 넘어간다.

이어서 소아시아의 니카에아의 망명 정권을 도운 제노바가 동지중해의 주도권을 쥐었고, 비잔티움제국은 발칸 반도의 극히 일부만을 지배했다. 14세기의 콘스탄티노플 인구는 전성기의 10분의 1인 약 10만 명으로 감소했다.

성지 예루살렘 탈환 위해
200년에 걸친 십자군 원정

11세기 유럽에서 '게르만 쟁기'라는 농기구 출현

11세기 유럽에서는 '게르만 쟁기'라고 하여, 땅을 깊이 파서 경작할 수 있는 농기구가 출현했다. 또 소와 말의 견인력을 이용하는 방법과 보리밭을 3년 주기로 윤작하는 삼포(三圃) 제도 등이 출현하면서 농업 효율이 높아져 농지 부족 현상이 발생했다. 그 결과 농지 개척이 진행되었는데, 이런 과정을 통해 농업의 원형이 완성되어 오늘날까지 이어지고 있다.

그런데 이 때문에 너도밤나무와 떡갈나무 등으로 우거진 숲으로 덮여 있던 서유럽의 원시림이 11세기에서 13세기에 걸쳐 급속히 사라지게 되었다. 당시처럼 울창하게 우거진 숲은 오늘날에도 독일의 라인 강 동쪽에 위치한, 남북으로 160킬로미터와 동서로 30~60킬

독일의 검은 숲과 목초지, 2015년, © Bermicourt, W-C

로미터의 슈바르츠발트(Schwarzwald : '검은 숲'이라는 뜻) 지방 등에서 찾아볼 수 있다. 이곳은 지금도 과거 서유럽의 모습을 연상케 하는 울창한 전나무 등의 침엽수의 원시림에 뒤덮여 있다(이 삼림 지대도 1970년대 이후 산성비로 인해 고사의 위기에 처해 있다).

교황권 강화와 동서 교회 통일을 위해 십자군 원정을 결정

셀주크 왕조의 공격으로 멸망의 위기에 처한 비잔티움제국은 로마 교황에게 구원을 요청했다. 야심가였던 교황 우르바노(Urban) 2세는 이 시기를 틈타 교황권을 강화하고 1054년 이래 로마가톨릭교회와 그리스정교(비잔티움제국)로 분열된 동서 교회를 통일하고자 1095년에 프랑스 중부의 교통 요충지인 클레르몽('밝은 산'이라는 뜻)에서 공의회를 개최했다(클레르몽 공의회).

이 공의회에서는 '성지 예루살렘과 또 다른 팔레스타인 순례지'를 이슬람으로부터 되찾아오기 위해 다음 해 십자군을 파견하기로 결정했다. 참고로 십자군이라는 호칭은 원정군 모두의 어깨와 가슴에 십자가 장식을 붙인 데서 유래한 것이다.

1096년, 프랑스인과 플랑드르인을 중심으로 기병 약 5,000명과 보병 약 3만 명이 콘스탄티노플에 결집했다(제1차 십자군). 이 자리에서 비잔티움 황제는 원정을 통해 탈환한 토지는 모두 황제에게 반환할 것을 요구했다고 한다.

십자군은 먼저 북시리아 항구인 안티오키아(Antiochia : 현재의 안타키아(Antakya))를 공략했고, 1099년에는 예루살렘에 도착했다. 지중해와 이라크 지방을 연결하는 안티오키아는 낙타를 사용한 카라반 루트의 거점으로, 이집트의 알렉산드리아와 어깨를 견줄 정도로 성장한 상업 도시였다.

십자군은 이탈리아의 상업 도시 제노바(트레비아 강의 '하구'라는 뜻)의 해군 지원을 받아 한 달 뒤에 예루살렘을 함락했는데, 이들은 예루살렘을 함락하면서 도저히 성전이라고는 할 수 없을 정도로 주민들을 학살(주민 5만 명 가운데 4만 명이 살해당함)하고 약탈을 자행했다.

십자군은 성지 탈환이라는 종교적인 목적을 달성한 뒤 대부분은 귀국했으며, 성지에는 예루살렘 왕국이 건국되었다.

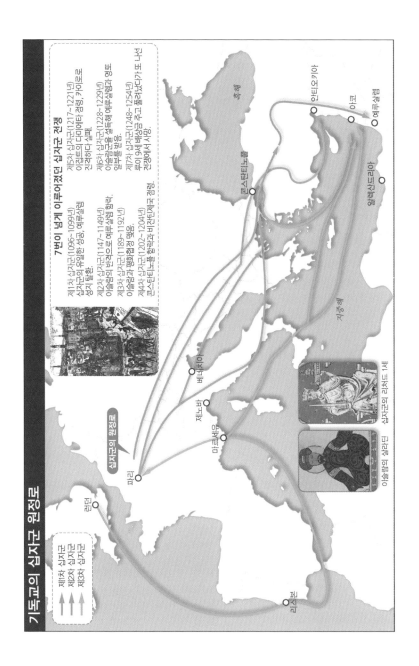

기독교의 십자군 원정로

십자군의 원정로
- 제1차 십자군
- 제2차 십자군
- 제3차 십자군

7번이 넘게 이루어졌던 십자군 전쟁

제1차 십자군(1096~1099년)
십자군이 유일한 성공. 예루살렘 성지 탈환.

제2차 십자군(1147~1149년)
이슬람의 반격으로 예루살렘 함락.

제3차 십자군(1189~1192년)
이슬람과 평화협정 맺음.

제4차 십자군(1202~1204년)
콘스탄티노플을 함락하고 비잔틴제국 점령.

제5차 십자군(1217~1221년)
이집트의 다미에타 점령. 카이로로 진격하다 실패.

제6차 십자군(1228~1229년)
이집트군을 설득해 예루살렘과 영토 일부를 받음.

제7차 십자군(1248~1254년)
루이 9세 배상금 주고 풀려났다가 또 나선 전쟁에서 사망.

살라딘 이슬람의 술탄

십자군의 리처드 1세

십자군 원정으로 인해 수많은 이슬람 문화가 유럽에 전파

12세기에 접어들면서 이슬람 측의 반격으로 제2차 십자군 원정이 시작되었다. 프랑스 국왕과 신성로마 황제가 각각 군을 이끌고 예루살렘을 향했지만 패배했고, 결국 1187년에 이집트의 살라딘이 예루살렘을 다시 차지하게 되었다.

이런 가운데 유럽의 3대 군주(독일 황제, 프랑스 왕, 영국 왕)가 최대 규모의 십자군을 이끌고 성지로 향했다. 하지만 고령의 독일 황제가 소아시아에서 강을 건너다 물에 빠져 죽었고, 프랑스 왕도 중간에 귀국해버려 원정은 또다시 실패로 끝났다(제3차 십자군).

실패가 계속되는 가운데 1212년에는 신의 계시를 들었다고 자칭한 목동이 성지를 탈환하기 위해 소년과 소녀들로 구성된 십자군을 일으켰다. 하지만 목동의 호소에 응해 마르세유에 모인 3만 명의 어린이들은 악덕 상인에 의해 노예로 팔리고 말았다.

그 후의 십자군 원정은 이집트 정복을 위한 것이었지만 모두 실패로 끝났고, 1291년에 십자군의 최종 거점인 아코(아크레, 헤브라이어로 '뜨거운 모래'라는 뜻)가 함락되어 약 200년 동안 계속되었던 십자군 원정은 결국 실패로 기록되었다.

십자군 원정 결과 유럽 세계에서는 대변동이 일어났다. 비잔티움 제국은 더 쇠퇴했고, 교황권도 실추되었다. 그리고 원정의 주체였던 제후와 기사가 몰락하면서 '국왕'이 강력한 국가 통치권을 확보하기에 이르렀다.

1291년 아크레 공성전에서 성벽을 방어하는 십자군, 1840년, 도미니크 파페티, 프랑스 파리 베르사유 궁전

한편 이탈리아 베네치아와 제노바 등은 지중해 무역으로 급속히 성장했고, 수많은 이슬람 문화가 유럽으로 전해졌다. 이로 인해 '12세기 르네상스'라고 불리는 학문과 예술의 눈부신 발달을 볼 수 있게 되었다.

와인과 모직물을 둘러싼 영국과 프랑스의 백년 전쟁

플랑드르와 보르도의 지배권 놓고 영국과 프랑스가 충돌

영국은 1066년에 프랑스의 노르망디 지방을 지배했던 노르만인이 잉글랜드를 정복해 세운 나라이다. 그렇기 때문에 영국 왕은 프랑스에도 광대한 영지를 보유하고 있었다.

하지만 프랑스 국왕에 의한 통일 기운이 높아지자 경제적으로 중요한 위치를 차지하는 모직물의 중심지인 플랑드르 지방('바람이 심하게 부는 땅'이라는 뜻, 모직물 '플란넬(flannel)'의 발상지)과 천혜의 항구인 보르도(Bordeaux : '부르데의 요새'라는 뜻)의 지배권을 둘러싼 영국과 프랑스 왕의 대립이 시작됐다. 특히 플랑드르 지방은 경제적으로도 중요했을 뿐만 아니라 영국과 프랑스가 서로 공격과 방어의 거점으로 활용할 수 있는 군사적 요충지이기도 했기에 대립이 더욱 심했다.

프랑스의 필립 4세에게 무릎을 꿇어 존경을 표하는 아키텐 공작, 1455~1460년, 장 푸케, 프랑스 파리 국립도서관

참고로 보르도 와인이 유명해진 것은 백년 전쟁 중에 이 지방을 점령한 영국이 보르도 항에서 영국 본국으로 와인을 대량 반출했기 때문이다.

1337년, 프랑스 왕이 영국령인 보르도를 중심 도시로 하는 아키텐 (Aquitaine ; '물의 땅'이라는 뜻) 분지를 몰수하려고 하자, 영국 왕 에드워드(Edward) 3세는 자신의 어머니가 프랑스 왕의 동생이었다는 사실을 근거로 프랑스 왕위를 요구하며 파병했다. 이리하여 '백년 전쟁

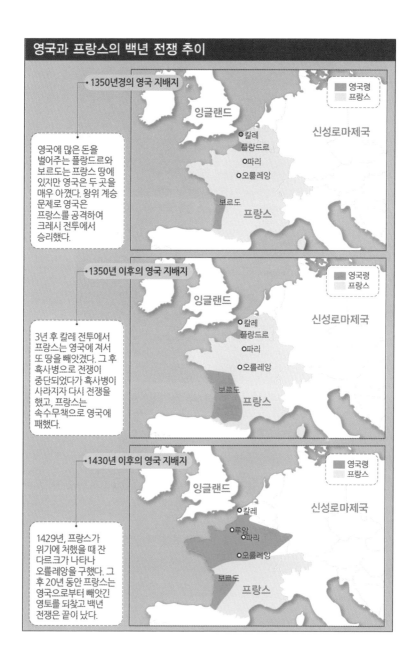

영국과 프랑스의 백년 전쟁 추이

1350년경의 영국 지배지

영국에 많은 돈을 벌어주는 플랑드르와 보르도는 프랑스 땅에 있지만 영국은 두 곳을 매우 아꼈다. 왕위 계승 문제로 영국은 프랑스를 공격하여 크레시 전투에서 승리했다.

잉글랜드

칼레
플랑드르
파리
오를레앙
보르도
프랑스
신성로마제국

영국령
프랑스

1350년 이후의 영국 지배지

3년 후 칼레 전투에서 프랑스는 영국에 져서 또 땅을 빼앗겼다. 그 후 흑사병으로 전쟁이 중단되었다가 흑사병이 사라지자 다시 전쟁을 했고, 프랑스는 속수무책으로 영국에 패했다.

잉글랜드

칼레
플랑드르
파리
오를레앙
보르도
프랑스
신성로마제국

영국령
프랑스

1430년 이후의 영국 지배지

1429년, 프랑스가 위기에 처했을 때 잔 다르크가 나타나 오를레앙을 구했다. 그 후 20년 동안 프랑스는 영국으로부터 빼앗긴 영토를 되찾고 백년 전쟁은 끝이 났다.

잉글랜드

칼레
루앙
파리
오를레앙
보르도
프랑스
신성로마제국

영국령
프랑스

(1337~1453)'의 막이 오르게 되었다.

처음 시작은 프랑스 귀족이 영국 국왕파와 프랑스 국왕파로 나뉘면서 영국 측에 전적으로 유리하게 진행되었다. 하지만 1347년부터 1351년에 걸쳐 흑사병이 전 유럽을 휩쓸었고, 급기야는 전쟁의 지속조차 불가능해졌다.

본래 흑사병은 은 채굴 지역으로 유명한 중국 운남 지방의 풍토병이다. 그런데 이 흑사병이 몽골인의 초원 네트워크를 따라 흑해 연안까지 확산된 것이다. 그 뒤 흑해 북안의 식민시를 출입하던 제노바 상선에 의해 이집트와 이탈리아 반도로 전파되었고, 다시 북아프리카와 유럽으로 전해져, 순식간에 유럽 전역에서 수천만 명에 달하는 희생자가 발생했다.

잔 다르크의 등장으로 패전 위기에 처한 프랑스가 기사회생

1428년, 영국군이 파리 남부 오를레앙(3세기에 도시를 건설한 로마 황제 '아우렐리아누스'에서 유래)에서 프랑스 국왕을 포위해 전쟁이 영국의 승리로 끝나려던 순간, '프랑스를 구하라'는 신의 계시를 들었다는 로렌(Lorraine) 주의 동레미 라퓌셀 마을에 살던 17세의 소녀 잔 다르크(Jeanne d'Arc)가 등장한다.

이 소녀는 프랑스 왕에게 참전을 청한 후, 갑옷을 입고 흰색 말을 타고서는 성모 마리아상 주변에 왕실의 꽃인 백합을 새긴 군기를 내걸어 프랑스군의 사기를 고양시켰다. 프랑스를 구하기 위해 앞장선

소녀의 행동으로 프랑스인의 '국민의식'이 높아져 전황이 극적으로 전환되었다.

하지만 정작 잔 다르크 자신은 1431년 19세의 나이로 영국군에 붙잡혀 재판에 회부돼 노르망디 지방 도시인 루앙(Rouen ; 켈트어로 '로토인의 평지'라는 뜻. 현재는 파리의 외항)에서 '마녀'라는 죄목을 뒤집어쓰고 처형당했다.

이윽고 1453년, 싸움에서 패한 영국군이 도버 해협(가장 좁은 곳의 폭은 32킬로미터. 켈트어로 '흐름'이라는 뜻)에 접한 도시인 칼레를 제외한 나머지 자국의 프랑스 영토를 포기함으로써 전쟁이 끝났다. 칼레의 이름은 '켈트계의 칼레티인'에서 유래했는데, 오늘날에는 1991년에 개통된 길이 50킬로미터의 유로 터널의 동쪽 종착점이다.

백년 전쟁 후, 영국의 영토는 브리튼 섬으로 한정되었다. 그리고 전쟁으로 귀족의 힘이 약해지면서 영국에서는 왕위를 둘러싼 '장미 전쟁(Wars of the Roses. 1455~1485)'이, 프랑스에서는 종교 전쟁인 '위그노 전쟁(Huguenots Wars. 1562~1598)'이 일어났다. 이러한 전쟁이 종결된 후에는 왕의 권력이 강화된 중앙집권적인 국가가 출현하게 되었다.

800년 이슬람 지배를 벗어난 스페인과 포르투갈의 독립

포르투갈의 국명은 북방 항구 '오포르투(항구)'에서 유래

'피레네의 반대편은 유럽이 아니다'라는 말이 있다. 그런데 이슬람 교도에게 장기간 점령당했던 이베리아 반도는 정말 유럽과는 확실히 다른 문화적 특징이 있다.

711년에 이슬람 세력이 서고트 왕국을 쓰러뜨린 후부터 이베리아 반도는 이슬람 세력이 차지하게 되었는데, 이에 불만을 품은 사람들이 718년 스페인 북서부의 비스케이 만(Biscay : '바스크', 즉 '산의 사람'이 영어로 변한 것) 지방에서 반란을 일으켰다. 그리고 이것이 계기가 되어 북서부 지대를 거점으로 하는 국토회복운동, 즉 '레콩키스타 (Reconquista)'가 시작되었다.

11세기, 우마이야 왕조가 아바스 왕조에 대항해 이베리아 반도에

이베리아 반도의 레콩키스타

이베리아 반도의 레콩키스타

스페인어로 '재정복'을 뜻한다. 8~15세기에 이베리아 반도 대부분을 점령한 이슬람교도들로부터 자신들의 영토를 되찾기 위해서 스페인과 포르투갈 등 그리스도교 국가들이 7세기 반 동안 벌인 전쟁이다. 722년 코바동가 전투에서 시작하여 포르투갈은 아폰소 3세가 알가르베를 점령하고 레콩키스타를 완성했다. 또한 1492년에 아라곤의 페르난도 2세와 카스티야의 이사벨 1세가 통합한 스페인 연합왕국은 이슬람의 마지막 점령지였던 그라나다를 정복하고 레콩키스타를 마무리했다.

기독교 세계

기독교도의 진출

프랑스

산티아고 데 콤포스텔라

알프스 산맥

흑해

콘스탄티노플

| 11세기 |
| 13세기 |
| 13세기 말 |

스페인

리구리아 해

아드리아 해

티레니아 해

에게 해

터키

그라나다

티레니아 해

이오니아 해

지중해

이슬람 세계

대서양

모로코

튀니지

알제리

리비아

이집트

1492년에 그라나다 함락
레콩키스타 완료

아프리카

메리다의 로마식 극장, © Jorge 6880, 로마 시대부터 번영을 누렸던 메리다는 서고트족과 아랍의 지배를 받을 때도 매우 중요한 도시였고, 레콩키스타 이후에도 번영을 누렸다.

세운 후우마이야 왕조가 해체되었다. 이후 이슬람교도는 각각 작은 나라로 나누어지면서 세력이 약해졌고, 따라서 단숨에 '레콩키스타'가 진행되기 시작한다.

중앙부의 카스티야(Castilla : '성 요새가 많은 지역'이라는 뜻) 왕국은 이슬람군에게서 탈환한 토지를 방위하기 위해 많은 요새를 건설했는데, 남부 안달루시아 지방의 중심 도시인 세비야('평야, 계곡'이라는 뜻)에 이어 과거 서고트 왕국의 수도였던 토레도까지 회복했다.

'메세타('대지(臺地)', '고원'이라는 뜻)'라고 불리는 건조한 고원(해발

700미터)이 펼쳐진 카스티야 지방은 아랍어로는 '라만차'(건조한 땅)라고 불렸는데, 이곳은 세르반테스(Miguel de Cervantes)의 소설 《돈키호테》의 무대이기도 하다.

1143년에 카스티야에서 독립한 포르투갈은 1147년에 성지로 향하는 영국과 플랑드르, 노르만 십자군의 원조를 받아 4개월간 전투를 벌인 끝에 리스본을 탈환했다. 이 포르투갈이라는 국명은 국가를 형성할 때 중심적인 역할을 했던 북방 항구 오포르투('포르투', '항구'라는 뜻, 포트와인으로 유명)에서 유래한 것이다.

한편, 12세기 후반에 접어들자 모로코의 마라케시(아랍어로는 '지령부, 본거지'라는 뜻)를 수도로 하는 베르베르인의 무와히드 왕조(1130~1269)가 이베리아 반도의 전 이슬람 세력을 통합해 기독교도를 북방으로 쫓아냈다.

이에 대해 기독교도 측은 프랑스군의 지원을 받아 13세기 중반에 무와히드 왕조군을 물리쳤다. 이로써 이전보다 더 힘차게 '레콩키스타'가 진행되었고, 13세기 후반에는 중앙부의 카스티야와 지중해 연안에서 세력을 확대했던 아라곤, 두 나라의 국왕이 이베리아 반도 대부분을 지배하게 되었다.

그라나다의 알람브라 궁전은 아랍어로 '붉은 것'이라는 뜻

1479년, 카스티야와 아라곤 두 나라 국왕의 자녀들이 결혼해 스페인 왕국이 성립되었다. 스페인이란 페니키아인이 사용했던 오래된 지역 이름으로 '토끼가 많은 땅'이라는 뜻이다.

한편, 디아스포라(흩어짐)에 의해 이베리아 반도로 이주했던 유대인들은 이슬람 정권하에서 매우 활발한 경제활동을 전개하고 있었다. 그런데 13세기, 프랑스군의 도움을 받은 기독교도가 이베리아 반도에서 세력을 회복하자 유대인들은 다시 심한 박해를 받는다. 스페인은 유대 상인에게 개종을 요구하며 그들을 탄압했고, 그들의 재산을 몰수해 이슬람교도와 전쟁을 벌이는 데 군비로 충당하기도 했다.

그리고 이베리아 반도에서 세력이 후퇴한 이슬람교도는 반도 남부의 안달루시아 지방('반달족의 땅'이라는 뜻, 이베리아 반도를 지배했던 이슬람교도가 이렇게 불렀다)의 그라나다('석류나무'라는 뜻)를 중심으로 나

스페인 그라나다의 알람브라 궁전, 2014년, © Jebulon, W−C

스르 왕조를 세워 그곳을 최후의 거점으로 삼았다.

그라나다는 섬세하고 화려한 장식으로 알려진 세계 문화유산 알람브라(Alhambra) 궁전으로 유명하다. 이 궁전의 외벽에 칠한 회반죽이 붉기 때문에 아랍어로 '붉은 것'이라는 뜻의 '알함무라'라고 불렸는데, 이 말이 변해 '알람브라'라는 호칭이 되었다.

하지만 1492년에 스페인이 이슬람 최후의 거점인 그라나다를 함락했고, 이로써 '레콩키스타'가 완성되었다. 참고로 이 시기 콜럼버스(Christopher Columbus)가 그라나다로 와서 카스티야의 이사벨(Isabel) 여왕의 지원을 받아 서쪽으로 떠나 아시아의 인도를 향하는 항해를 시작할 수 있었다. 유럽의 아메리카 대륙 진출은 이렇게 시작되었다.

지중해의 지배권을 이슬람제국에 빼앗긴 유럽은 '레콩키스타' 이후, 이슬람교도와 기독교도가 혼재하는 포르투갈 남부와 스페인 남부에서 '대항해 시대'라는 새로운 변화를 일으켜 세계사의 무대를 바꾸어나간다.

레콩키스타의 신앙적 지주, 산티아고 데 콤포스텔라

'레콩키스타'의 정신적인 지주가 된 것은 중세 유럽에서 로마, 예루살렘과 더불어 3대 순례지 가운데 하나였던 스페인 북서부의 성지 산티아고 데 콤포스텔라(약칭은 산티아고(Santiago))였다. 이 지명은 '별이 빛나는 들판의 야고보'라는 뜻이다.

9세기, 산티아고 데 콤포스텔라 부근의 동굴에서, 기독교 12제자 가운데 한 명이며 최초로 순교한 야고보(Jakobus)의 유골로 보이는 뼈가 발견되었다. 야고보의 사체가 이베리아 반도로 운반되었다는 전설이 있기는 했지만, 사실은 한 주교가 콤포스텔라(별이 빛나는 하늘의 '은하수')에 이끌려 유골을 발견했다고 한다. 기독교도들은 전쟁을 할 때 성 야고보가 지켜준다고 생각했기 때문에, 그는 '레콩키스타'를 정신적으로 지탱해주는 수호신이었다.

12세기에 산티아고 데 콤포스텔라에 대성당이 건조되면서 순례가 전성기를 맞이했다. 파리에서 산티에고 데 콤포스텔라에 이르는 순례길은 1,600킬로미터나 되며, 산을 넘기도 해야 하는 고난의 여행길임에도 사람들은 4개의 루트를 통해 이곳까지 찾아왔고, 오늘날에도 수많은 순례자가 방문한다. 산티아고에는 대성당을 비롯해 36개의 수도원과 46개의 교회가 세워져 있는데, 이 때문에 이곳은 세계적인 기독교 성지가 되었다.

4장

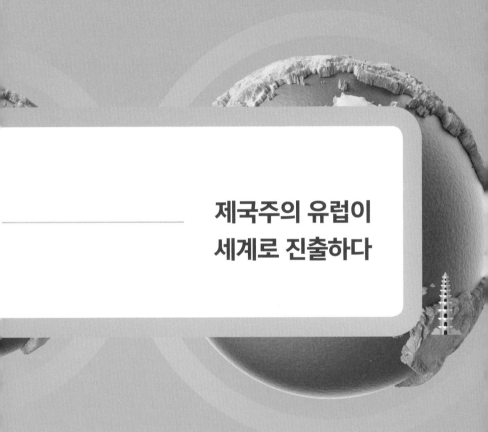

제국주의 유럽이
세계로 진출하다

대서양 항로 개척에 앞장선
포르투갈의 엔리케 왕자

지중해와 대서양의 교차점인 포르투갈의 알가르베 지방

유럽이 세계사의 무대에 등장하게 된 것은 '대서양'이라는 대양에 진출하면서부터였다. 그리고 그 시작은 '유럽 세계와 이슬람 세계', '지중해와 대서양'의 접점 지대에 위치한 포르투갈 남부였다. 두 세계의 '경계'에 위치한 알가르베(아랍어로 '서부'라는 뜻) 지방은 스페인 남부의 안달루시아와 함께 기독교도와 이슬람교도가 혼재하는 국제성을 띤 지역이었다.

몽골제국 시절에 유라시아 전체와 교역을 실시한 결과 지중해 세계는 막대한 부와 함께 나침반과 위도를 계측하는 도구인 '아스트롤라베', 역풍이 불어도 배를 전진시킬 수 있는 삼각돛, 해도, 지리적인 지식 등이 축적됐다.

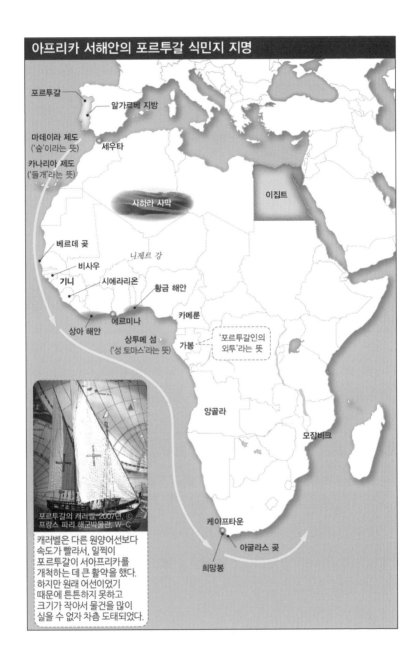

아프리카 서해안의 포르투갈 식민지 지명

포르투갈

알가르베 지방

마데이라 제도
('숲'이라는 뜻)

세우타

카나리아 제도
('들개'라는 뜻)

사하라 사막

이집트

베르데 곶

니제르 강

비사우

기니

시에라리온

황금 해안

에르미나

카메룬

상아 해안

상투메 섬
('성 토마스'라는 뜻)

가봉

'포르투갈인의
외투'라는 뜻

앙골라

모잠비크

케이프타운

아굴라스 곶

희망봉

포르투갈의 캐러벨. 2007년. ©
프랑스 파리 해군박물관. W-C

캐러벨은 다른 원양어선보다
속도가 빨라서, 일찍이
포르투갈이 서아프리카를
개척하는 데 큰 활약을 했다.
하지만 원래 어선이었기
때문에 튼튼하지 못하고
크기가 작아서 물건을 많이
실을 수 없자 차츰 도태되었다.

이들을 활용해 대서양에 항로의 개척에 앞장선 사람은 바로 산과 황무지가 많은 포르투갈 남부를 통치한 '엔리케(Henrique) 항해왕자' 였다. 그가 대서양으로 진출하게 된 것은 모로코의 세우타 공략이 실패했기 때문이었다. 지브롤터 해협을 사이에 두고 스페인에서 14킬로미터 떨어진 곳에 위치한 세우타(마을의 배후에 7개의 언덕이 있기 때문에 라틴어로 '7인의 형제'라는 뜻)는 사하라 사막을 종단해 서(西)수단과 금을 거래하는 상업의 중심지였다. 엔리케 항해왕자는 부를 찾아 한때 세우타를 점령했지만 계속해서 지배하지는 못했다. 그리고 면적이 약 20제곱킬로미터인 세우타는 1580년 이래 스페인령(카디스주)이 되었다.

알가르베의 수도였던 고대 도시 라고스 성벽, 2010년, © Lacobrigo, W-C

엔리케 항해왕자는 모로코의 이슬람교도를 정복하기 위해, 아프리카 내륙에 존재한다고 생각했던 대기독교국('프레스타 존'의 나라)과 제휴를 맺으려 했다. 또 서(西)수단(아랍어로 '흑인의 땅'이라는 뜻, 니제르 강 유역)과 황금을 거래하기 위해 이슬람교도가 많은 포르투갈 남부 알가르베 지방의 사그레스(Sagres) 곶에 항해사 양성학교와 천문대, 조선소를 세웠다. 또 한편으로는 삼각돛을 매단 소형 캐러벨(Caravel) 함선을 이용하는 탐험 사업을 조직하기도 했다. 이 때문에 아프리카 서안에 포르투갈인이 붙인 지명이 속속 탄생했다.

기니 만의 카메룬은 포르투갈어로 '작은 새우'라는 뜻

포르투갈인들은 사하라 사막의 서쪽 끝 지역을 가리켜 베르데('초록색'이라는 뜻) 곶이라고 했다. 이는 그 장소에서 사막이 끝나고, 그토록 기다린 푸른 숲을 바라볼 수 있었기 때문이다. 그리고 먼바다의 섬 역시 초록색의 곶이라는 의미인 카보베르데라고 불렀는데, 이곳은 훗날 노예무역의 거점이 된다. 이 곳의 남쪽은 엔리케의 영역이라는 뜻으로 '비사우(비사우 공작령)'라고 했다. 비사우는 포르투갈의 최고위 공작령의 이름이다.

이 비사우 남부에 위치한 해안 근처에는 산맥이 하나 있는데, 이 산맥은 발견 당시 사자가 울부짖는 듯한 천둥소리가 나서 시에라리온(사자 산맥)이라고 이름이 붙여졌다. 엔리케가 세상을 떠난 후에 포르투갈인은 이 지역까지 진출한다.

노예선, 1840년, 윌리엄 터너, 보스턴 파인아트 뮤지엄

　한편, 기니 만의 동단에 접한 한 지역은 포르투갈인들이 이 지역 하천에서 작은 새우 무리를 발견했다고 해서, 포르투갈어로 '작은 새우'라는 뜻을 가진 '카메룬'이라고 이름 붙여졌는데, 이 기니 지방은 황금을 거래했기 때문에 '황금 해안'이라고도 불렸다. 오늘날의 가나 지방인 에르미나('금광'이라는 뜻)와 나이지리아의 라고스('석호(潟湖)'라는 뜻)가 그 중심이었다. 그리고 이 남쪽에 위치한 앙골라는 노예무역의 중심지로, 1482년에 포르투갈인이 점령한다. 그 후로 400만 명이나 되는 노예가 이곳에서 아메리카 대륙으로 송출된다.

케이프 반도에서 바라본 희망봉, 2008년, © Zaian, W-C

아프리카 최남단의 명칭은 '태풍의 곶'에서 '희망봉'으로!

1488년에 접어들자 바르톨로메우 디아스(Bartholomeu Diaz)가 아프리카 최남단의 곶을 발견해 아프리카 대륙의 남쪽 끝이 처음으로 밝혀졌다. 이 해역은 '울부짖는 40도'라고 불렸으며, 1년 내내 바다가 거칠어서 디아스는 '카부 투르멘토소('태풍의 곶'이라는 뜻)'라고 명명했는데, 포르투갈 왕인 주앙(João) 2세가 아시아로 가는 신항로에 대한 기대를 담아 '카부 다 보아 에스페란사'라고 고쳤다.

카부는 '곶'이고, 보아는 '좋은'이라는 뜻이며, 에스페란사는 '희망'이라는 뜻이다. 즉, 이 이름에는 이곳이 아시아로 가는 새 항로를 개척하는 '희망봉'이라는 기대를 담은 것이다. 참고로 실제 아프리카의 최남단은 희망봉에서 동남쪽으로 약 160킬로미터 떨어진 거리에 위치한 아굴라스 곶이다. 아굴라스는 포르투갈어로 '바늘'이라는 뜻인데, 부근에 있는 암초가 바늘처럼 뾰족해서 이런 이름을 붙인 것이다.

이 곳을 돌아 최초로 아프리카 대륙의 동쪽으로 북상한 것은 바스코 다 가마(Vasco da Gama)의 함대였다. 이 함대는 1498년, 아프리카 동안의 거대한 해협 지대인 모잠비크('정박지(停泊地)'라는 뜻)에 도달했다. 참고로 이 함대는 포르투갈과 인도의 캘커타 사이를 왕복해서 무역을 하고 있었는데, 한 번 왕복할 때마다 2년 이상 걸렸으며 170명의 승조원 가운데 100명 이상이 희생되는 힘든 항해를 했다. 하지만 이들이 인도에서 가져온 호박은 항해 비용보다 60배나 많은 부를 안겨주었기에 포르투갈과 인도 사이의 무역은 꾸준히 이루어지게 되었다.

대서양 횡단 항로를 개척해 신대륙을 발견한 콜럼버스

콜럼버스는 서쪽에 황금의 섬 '지팡구'가 있다고 믿었다

제노바 모직물업자의 아들 콜럼버스는 젊었을 때부터 선원의 경험을 쌓았다. 그리고 1476년 잉글랜드로 항해하던 도중 포르투갈 먼바다에서 해적의 습격을 받은 이후에는 지도를 제작하는 장인으로서 리스본(포르투갈)에서 생활하게 되었다.

하지만 마르코 폴로(Marco Polo)의 《동방견문록》에 기록된 황금의 섬 '지팡구'의 존재를 믿어 의심치 않았던 콜럼버스는 피렌체 의사인 토스카넬리(Paolo Toscanelli)의 지구 구체설을 굳게 믿었다. 그래서 서쪽으로 계속 항해하면 동쪽으로 가는 것보다 절반만 가더라도 아시아에 도달할 수 있기 때문에 지팡구의 황금을 독점할 수 있다고 생각했다.

마르코 폴로의 여행, 1324년

　1492년, 그는 레콩키스타가 끝난 직후의 그라나다를 찾아가, 스페인 이사벨 여왕에게 ① 3척의 선박을 준비할 것, ② 발견한 모든 토지의 총독직을 줄 것, ③ 세습의 제독 지위를 줄 것, ④ 발견한 토지에서 얻은 이익의 10분의 1을 줄 것을 제의해 탐험을 허락받았다.

　1492년 8월 3일, 산타마리아 호와 핀타 호, 니나 호라는 3척의 배와 약 90명의 승조원으로 구성된 콜럼버스의 함대는 팔로스 항을 출항했다. 70여 일의 힘든 항해 끝에, 10월 12일 카리브 해('카리브족의 인디오'에서 유래) 말단에 위치한 크고 작은 700여 개의 섬과 2,400여 개의 암초로 구성된 바하마 군도(카리브어로 '얕은 환초(環礁)') 과나하니(Guanahani ; 현재의 마이애미 동쪽)의 한 섬에 도착했다. 콜럼버스는 이 섬이 스페인령이 되었다고 선언하고, '산살바도르(San Salvador : '성스러운 구세주'라는 뜻)'라고 명명했다. 참고로 이 섬은 면적 155제곱킬로미터의 작은 섬으로, 현재 인구는 500명이 채 안 된다.

콜럼버스는 그로부터 몇 주 동안 자신이 대륙의 일부라고 착각했던 쿠바 섬과, '지팡구'로만 알고 있던 두 번째로 큰 섬인 에스파뇰라 섬을 돌았다. 이 에스파뇰라 섬은 '산과 같은 섬'이라는 뜻으로 '아이티(Haiti) 섬'이라고도 불렸는데, 오늘날 도미니카 공화국과 아이티로 나뉘어 있다.

콜럼버스의 항해로 대서양 횡단 항로가 개척되었는데, 이로써 대양 시대의 막이 본격적으로 열리게 된다.

황금의 섬을 발견하지 못한 콜럼버스는 본국으로 강제 송환

다음 해인 1493년, 콜럼버스는 원정 본부가 설치된 스페인 카디스 항(페니키아어로 '성벽, 둘러쌈'이라는 뜻)에서 함대 17척을 이끌고 다시 에스파뇰라 섬으로 향했다. 함대는 푸에르토리코(현재는 미국의 자치령, 스페인어로 '풍요로운 항구'라는 뜻)를 경유해, 에스파뇰라 섬에 무사히 도착했다. 이 항해에서 자메이카(Jamaica ; 카리브어의 '샘물'에서 유래) 섬을 발견했다.

콜럼버스는 에스파뇰라 섬의 산토 도밍고(Santo Domingo ; 도시가 축조된 기념일에 의거해 '성 도미니쿠스'라고 불렸다. 도미니카 공화국의 수도)를 중심으로 황금을 찾아내려 했지만, 이 섬은 '황금의 섬 지팡구'가 아니었다. 이에 대한 실패의 책임을 추궁당한 콜럼버스는 이를 해명하

포르투갈과 스페인의 15세기 대항해 시대

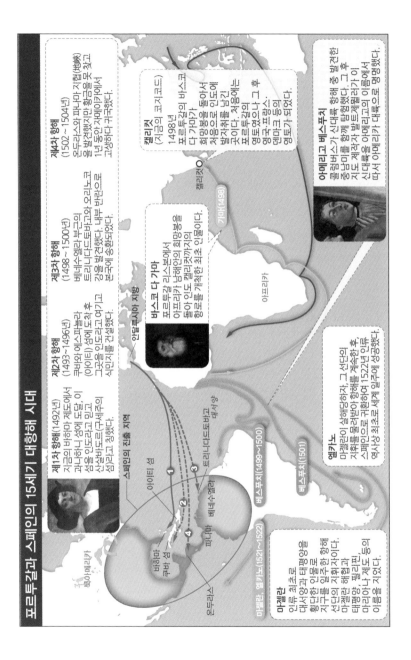

제1차 항해(1492년)
지금의 바하마 제도에서 마나하니 섬에 상륙 도달, 이 섬을 인도라고 믿고 산살바도르(구세주의 섬)라고 칭했다.

제2차 항해(1493~1496년)
쿠바와 에스파뇰라(아이티) 섬에 도착한 후 그곳을 인도라고 여기고 식민지를 건설했다.

제3차 항해(1498~1500년)
베네수엘라 부근의 트리니다드섬과 오리노코 강을 발견했다고 오리노코 강을 발견했지만 내부 반란으로 본국에 송환되었다.

제4차 항해(1502~1504년)
온두라스와 파나마 지협(地峽)을 발견했지만 항로를 못 찾고 1년 동안 자메이카에서 고립되다 귀국했다.

캘리컷(지금의 코지코드)
1498년 포르투갈의 바스코 다 가마가 희망봉을 돌아서 처음으로 인도에 발자취를 남긴 곳이다. 처음에는 포르투갈의 영토였으나 그 후 영국, 프랑스, 덴마크 등의 영토가 되었다.

바스코 다 가마
포르투갈 리스본에서 아프리카 남해안의 희망봉을 돌아 인도 캘리컷까지의 항로를 개척한 최초 인물이다.

아메리고 베스푸치
콜럼버스가 신대륙 항해 중 발견한 중남아메리카를 함께 탐험했다. 그 후 지도 제작자가 발트제뮐러가 이 신대륙을 아메리고의 이름에서 따서 아메리카 대륙으로 명명했다.

엘카노
마젤란이 살해당하자, 그 선단의 지휘를 물려받아 항해를 계속한 후 스페인으로 귀환하여 1522년 인류 역사상 최초로 세계 일주에 성공했다.

마젤란 엘카노(1521~1522)
인류 최초로 대서양과 태평양을 항해한 탐험가이다. 지구를 일주한 항해로 선단의 지휘자 마젤란의 이름과 태평양, 필리핀, 마리아나 제도 등이 이름을 지었다.

북아메리카
아프리카
인도/동남시아 지방
안달루시아 지방
스페인의 진출 지역
아이티 섬
트리니다드토바고
대서양
바하마 쿠바섬
파나마
베네수엘라
온두라스
캘리컷
가마(1498)
베스푸치(1499~1500)
베스푸치(1501)

기 위해 본국으로 돌아갔다.

1498년에 세 번째 항해에 나선 콜럼버스는 트리니다드 섬(3개의 산이 일체화되어 있었다는 점에서 '삼위일체의 섬'이라는 뜻)에 상륙한 뒤, 오늘날의 베네수엘라('작은 베니스'라는 뜻) 연안을 항해해 오리노코(카리브어로 '카누의 장소'라는 뜻) 강 하구에 상륙했고, 베네수엘라 먼바다의 마가리타(Margarita ; 스페인어로 '진주'라는 뜻) 섬을 거쳐 에스파뇰라 섬에 도착했다. 하지만 이미 식민지 경영이 실패한 사실이 명백해져 있었기 때문에 이에 대한 책임으로 콜럼버스는 쇠사슬에 묶인 채 본국으로 강제 송환되었다.

신대륙은 아메리고 베스푸치의 이름을 따서 '아메리카'로 명명

1502년, 콜럼버스는 소형선 4척을 이끌고 네 번째 항해에 나선다. 그러나 그는 온두라스(스페인어로 '깊은 곳'이라는 뜻) 먼바다를 통과해 파나마(현지어로 '물고기가 풍부한 곳'이라는 뜻) 주변을 6개월이나 항해했지만 이렇다 할 성과를 얻지는 못했다.

결국 실의에 잠긴 콜럼버스는 1506년, 스페인의 세비야에 있는 선원 숙소에서 세상을 떠났다. 하지만 그의 네 번째 항해는 파나마가 새로운 '황금'의 산출지일 가능성을 보여주는 정보를 가져다주었다.

참고로 남부 안달루시아 지방의 세비야는 스페인 신대륙 지배의 거점으로, 이 지역에 살던 안달루시아인들이 신대륙 이주자의 대부분을 차지했다.

세비야 항구, 1576~1600년, 알폰소 산체스 코엘료, 스페인 마드리드 아메리카박물관

건조한 안달루시아는 사하라 사막에서 열풍이 불면 기온이 40도를 넘어, '프라이팬 안달루시아'라고 불릴 정도로 생활하기 힘든 곳이다. 신대륙에서 사용하는 스페인어에는 안달루시아 사투리가 있다고 한다.

콜럼버스가 아시아라고 착각했던 대륙이 '신대륙'이라는 사실을 밝힌 사람은 1497년부터 1503년까지 네 차례에 걸쳐 중남미를 탐험했고, 남위 50도 부근의 파타고니아 해안까지 도달했던 이탈리아인 아메리고 베스푸치(Amerigo Vespucci)였다. 그는 《신세계》, 《4회의 항해에서 새로 발견된 육지에 관한 아메리고 베스푸치의 서한》이라는 저술로 유명해졌으며, 신대륙은 그의 이름인 '아메리고'의 여성형인 '아메리카'로 불렸는데, 이는 콜럼버스가 숨진 다음 해인 1507년의 일이었다.

콜럼버스의 이름은 남미의 '콜롬비아'라는 국명과, 콜롬비아 내의 카리브 해 남쪽에 솟아 있는 5,775미터의 거봉 크리스토발콜론 산에 남아 있다.

신대륙에서 채굴한 은으로 유럽 경제는 고속 팽창

신대륙에서 산출한 은 가운데 약 40%가 스페인 왕실의 수입

신대륙을 '제2의 유럽'으로 삼아 식민지 개척에 나서면서 유럽은 번영의 시대를 맞이한다. 그렇게 된 직접적인 원인은 바로 신대륙에서 산출된 막대한 양의 '은'이었다.

1545년, 남미 볼리비아의 포토시에서 은 광산이 발견되었다. 포토시는 해발 4,180미터의 고지대에 위치한 도시로 현지어로는 '천둥'을 의미했는데, 나중에는 '엄청난 부'를 의미하게 된다. 오늘날 포토시의 은은 고갈된 상태며, 주로 주석을 채굴하고 있다.

1546년에는 멕시코에서도 사카테카스(Zacatecas ; 현지어로 '초원의 사람'이라는 뜻) 은 광산이 발견된다. 사카테카스는 해발 약 2,500미터의 고지대에 위치해 있으며, 19세기 말까지 전 세계에서 채굴되는 은 가

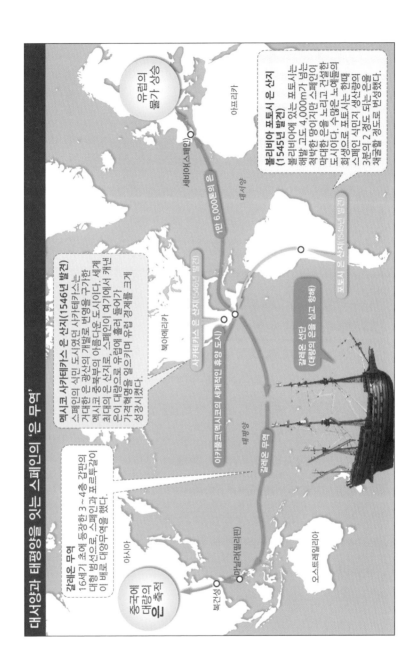

대서양과 태평양을 잇는 스페인의 '은 무역'

유럽의 은 수송

볼리비아 포토시 은 산지 (1545년 발견)

볼리비아에 있는 포토시는 해발 고도 4,000m가 넘는 척박한 땅이지만 스페인이 막대한 은을 얻을 수 있었던 도시이다. 수많은 노예들의 희생으로 포토시는 한때 스페인 식민지 생산량의 3분의 2 정도 되는 은을 채굴할 정도로 번성했다.

아프리카

대서양

은 1만 6,000톤의

세비야(스페인)

포토시 은 산지(1545년 발견)

멕시코 사카테카스 은 산지(1546년 발견)

스페인의 식민 도시였던 사카테카스는 거대한 은 광산의 개발로 번영을 구가한 멕시코 중북부의 아름다운 도시이다. 세계 최대의 은 산지로 스페인이 여기에서 캐낸 은이 대량으로 유럽에 흘러 들어가 가격혁명을 일으키며 유럽 경제를 크게 성장시켰다.

사카테카스 은 산지(1546년 발견)

북아메리카

아카풀코(멕시코의 세계적인 무역 도시)

갈레온 선단 (대량의 은을 싣고 항해)

태평양

갈레온 무역

갈레온 무역

16세기 초에 등장한 3~4층 갑판의 대형 범선으로, 스페인과 포르투갈의 이 배로 대양무역을 했다.

아시아

중국에 대량의 은 축적

오스트레일리아

아메리카

마닐라(필리핀)

마카오

푸젠성

운데 20%를 산출하는 대규모 은 산지였다. 16세기 이후, 백수십 년 동안 약 1만 6,000톤이나 되는 은이 볼리비아와 멕시코에서 스페인 세비야로 운반되었다. 참고로 유럽의 최대 은 산지인 남독일의 산출량은 연간 30톤 정도였다.

신대륙의 은 가운데 약 40%가 스페인 왕실의 수입이 되었고, 나머지는 탐험 자금을 공급했던 제노바 상인에게 흘러 들어가 아메리카 대륙에 수출할 여러 상품을 구매하는 자금이 되었다. 즉, 아메리카에서 유입된 방대한 양의 은이 유럽 각지에서 돌아다닌 것이다.

이에 따라 유럽 경제는 활기를 띠었고, 1500년부터 1620년까지 유럽의 평균 물가가 서너 배나 올랐는데, 이를 '가격혁명'이라고 한다.

하늘에서 본 포토시, 2003년, © Gerd Breitenbach, W-C

유럽인은 저렴한 은을 이용해, 아시아 각지에서 유리한 교역 활동을 전개할 수 있었다. 서아시아와 동아시아 모두에서 기존보다 많은 물자를 구입할 수 있게 된 것이다.

볼리비아의 은 광산 도시인 포토시는 고지대에 위치해 있었지만, 불과 20~30년 사이에 파리와 어깨를 견줄 만한 대도시로 성장했고, 1611년에는 인구가 15만 명을 넘어 멕시코 시를 제치고 신세계 최대의 도시가 되었다.

지중해 연안에서 대서양 연안으로 '상업의 중심지'가 이동

아메리카, 아프리카, 유럽에 둘러싸인 대서양 교역권이 성장함에 따라 '아프리카 남단을 우회하는 아시아와의 교역 경로'와 연결되면서, 플랑드르 지방의 안트베르펜('제방 위의 땅'이라는 뜻) 등 대서양 연안의 무역항도 성장해 유럽 경제는 급속도로 팽창하였다.

유럽의 지중해 연안에서 대서양 연안으로 '상업의 중심지'가 이동하면서 무역량이 확대되었는데, 이런 경제 변동을 '상업혁명'이라고 한다. 프랑스 역사가인 브로델(Fernand Braudel)은 1670년부터 약 100년 후인 프랑스 혁명 전야까지 프랑스의 통화량이 약 17배나 증가했다고 지적하고 있다. 정말 엄청난 양과 속도로 이루어진 유럽 경제의 팽창이 아닐 수 없다.

종교개혁과 종교 전쟁으로 유럽의 근대 주권 국가 탄생

낭트 칙령으로 개인 신앙의 자유가 최초로 인정받았다

16세기 초반, 가톨릭교회는 돈만 있으면 구원을 받을 수 있다며 면 죄부를 파는 등 세속화되고 권위주의에 빠져 있는 상태였다. 이렇게 부패한 교단에 반발해 개인의 마음과 신을 직접 연결하는 신앙이 필요하다고 주장한 독일인 루터(Martin Luther)와 프랑스인 칼뱅(Jean Calvin) 등이 성서에 기초를 둔 새로운 형태의 기독교(프로테스탄트)를 주장했다. 새로운 기독교의 출현에 따른 이런 일련의 움직임을 '종교 개혁'이라고 한다. 엄격한 일신교인 기독교 사회에 두 개의 기독교가 존재하는 계기가 된 것이다.

급기야 양쪽은 각각 자신들의 정당성을 주장하며 피비린내 나는 싸움을 시작했는데, 바로 이것이 16세기 중반부터 17세기 중반까지

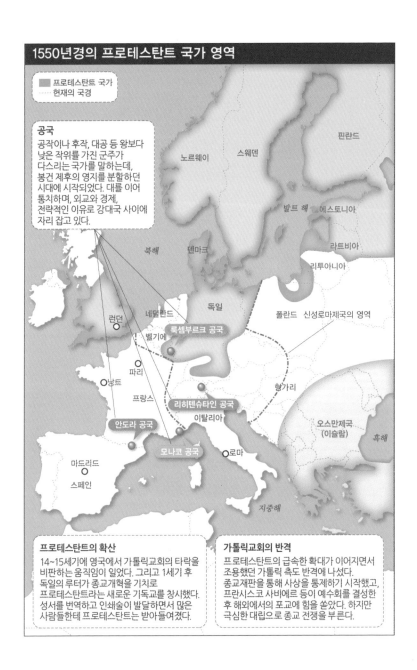

1550년경의 프로테스탄트 국가 영역

■ 프로테스탄트 국가
···· 현재의 국경

공국
공작이나 후작, 대공 등 왕보다 낮은 작위를 가진 군주가 다스리는 국가를 말하는데, 봉건 제후의 영지를 분할하던 시대에 시작되었다. 대를 이어 통치하며, 외교와 경제, 전략적인 이유로 강대국 사이에 자리 잡고 있다.

핀란드

노르웨이   스웨덴

발트 해   에스토니아

북해   덴마크   라트비아

리투아니아

런던   네덜란드   독일   폴란드   신성로마제국의 영역

룩셈부르크 공국
벨기에

파리   헝가리

낭트   프랑스   리히텐슈타인 공국
이탈리아   오스만제국
(이슬람)   흑해

안도라 공국

모나코 공국   로마

마드리드
스페인

지중해

프로테스탄트의 확산
14~15세기에 영국에서 가톨릭교회의 타락을 비판하는 움직임이 일었다. 그리고 1세기 후 독일의 루터가 종교개혁을 기치로 프로테스탄트라는 새로운 기독교를 창시했다. 성서를 번역하고 인쇄술이 발달하면서 많은 사람들한테 프로테스탄트는 받아들여졌다.

가톨릭교회의 반격
프로테스탄트의 급속한 확대가 이어지면서 조용했던 가톨릭 측도 반격에 나섰다. 종교재판을 통해 사상을 통제하기 시작했고, 프란시스코 사비에르 등이 예수회를 결성한 후 해외에서의 포교에 힘을 쏟았다. 하지만 극심한 대립으로 종교 전쟁을 부른다.

유럽 각지에서 전개된 '종교 전쟁'이었다.

피로 피를 씻는 종교 전쟁이 계속되자 이질적인 신앙이 공존해야만 사회 질서를 유지할 수 있다는 새로운 움직임이 나타났다. 그리고 그 움직임은 1598년, 프랑스 왕 앙리(Henri) 4세가 위그노 전쟁을 종결하기 위해 발포한 '낭트 칙령'으로 표현되었다. 낭트 칙령으로 개인 신앙의 자유가 최초로 인정된 것이다.

그리고 이후 유럽에서는 '사회란 이질적인 존재가 공존하는 것'이라는 개념이 발전해 개인의 '인권'을 인정하게 되었고, 이것이 민주주의의 원리로 자리 잡게 된다. 왜냐하면 인간은 개개인이 고유한 감성과 가치 인식이 있어야 하고, 이를 존중받아야만 비로소 새로운 사회 시스템을 만들어낼 수 있기 때문이다.

베스트팔렌 조약으로 신성로마제국의 붕괴와 주권국가 탄생

마지막 대(大)종교 전쟁인 독일의 '30년 전쟁'을 종결한 1648년의 베스트팔렌('서쪽의 사람들'이라는 뜻) 조약은 합스부르크가가 프랑스에 패배하면서 자신들의 세력이 약해졌음을 스스로 인정한 것이었다. 이 조약을 통해 합스부르크가의 신성로마제국 황제는 제국을 구성하는 수많은 영방(領邦)국가의 주권과 독립을 완전히 인정했다.

그 결과 신성로마제국 황제의 권력은 형식적인 것으로 변했고 ① 언어와 역사 등의 문화 동일성에 의한 공동체, ② 절대적인 정치권력(주권), ③ 영토 조합으로 구성된 유럽 고유의 '주권 국가'가 출현했다.

정치학에서는 이 베스트팔렌 조약이 유럽에 '주권 국가'를 성립시키는 계기가 되었다고 보고 있다. 각 국 왕은 '왕권신수설'을 인용해 자신들은 신에게 지배권을 위임받은 '주권자'라며 지배의 정당성을 주장했지만, 프랑스 혁명으로 국왕이 타도되자 국민 주권에 의거한 '국민 국가'로 이행되었기 때문이다.

앙리 4세가 작성한 낭트 칙령 문서, 1598년

오늘날 유럽에는 모나코 공국과 리히텐슈타인 공국, 룩셈부르크 공국, 안도라 공국이라는 4개의 공국이 있는데, 공국이란 국왕의 신하인 공작의 영지가 독립국이 되어 남아 있는 것을 말한다.

대량의 상선을 이용해 전 세계의 바다로 진출

가톨릭의 스페인에서 독립한 프로테스탄트의 상인 국가

스페인은 1515년에 왕가의 혼인으로 네덜란드(저지대 여러 영방이라는 뜻. 네덜란드와 벨기에, 룩셈부르크 등으로 구성됨)의 지배권을 잡았다.

스페인은 유럽에서도 유명한 모직물 산지이며 중계무역의 거점이었던 네덜란드를 중요한 식민지라고 보았다. 그래서 1만 명의 군대를 주둔시키고 가톨릭을 강요했으며, 무거운 세금을 부과하면서 상공업자 가운데 대다수를 차지하는 칼뱅파(프로테스탄트)를 탄압했다. 이 때문에 네덜란드에서는 6년 동안 8,000명이 처형되었고, 10만 명이 국외로 도망쳤다고 한다.

그 후 오라녜 공 빌럼(Willem)을 지도자로 하는 네덜란드 독립 전쟁(1568~1609)이 일어나자, 국외로 망명했던 칼뱅파는 제고이센(바다의

17세기 네덜란드가 지배한 해양 세계

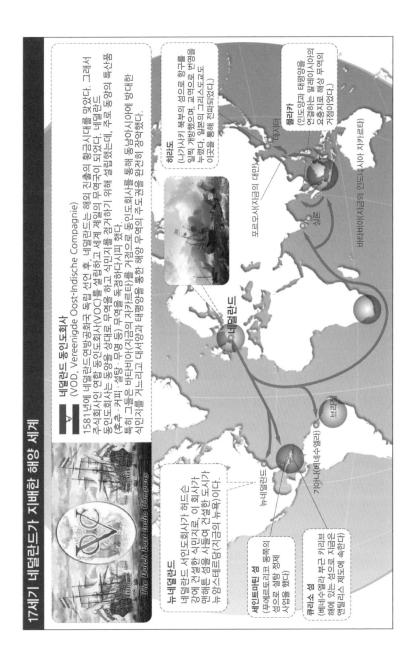

네덜란드 동인도회사
(VOD, Vereenigde Oost-Indische Compagnie)

1581년에 네덜란드 연방공화국 독립 선언 후, 네덜란드는 해외 진출의 황금시대를 맞았다. 그래서 주식회사인 연합 동인도회사(VOC)를 설립하고 세계 제일의 무역국이 되었다. 네덜란드 동인도회사는 동양을 상대로 무역을 하고 식민지를 점거하기 위해 설립했는데, 주로 동양의 특산품(후추·커피·설탕·면·무명 등) 무역을 독점하다시피 했다.
특히 그들은 바타비아(지금의 자카르타)를 거점으로 동인도회사를 통해 동아시아에 방대한 식민지를 거느리고 대서양과 태평양을 통한 해상 무역의 주도권을 완전히 장악했다.

하리도
(나가사키 북부의 섬으로 항구를 일찍 개방했으며, 교역으로 번영을 누렸다. 일본의 그리스도교도 이것을 통해 전파되었다.)

믈라카
(인도양과 태평양을 연결하는 믈레이시아의 요충지로 해상 무역의 거점이었다.)

뉴네덜란드
네덜란드 서인도회사가 허드슨 강에 건설한 식민지로, 이 회사가 맨해튼 섬을 사들여 건설한 도시가 뉴암스테르담(지금의 뉴욕)이다.

세인트마틴 섬
(푸에르토리코 동쪽의 섬으로 설탕 정제 사업을 했다.)

퀴라소 섬
(베네수엘라 부근 카리브 해에 있는 섬으로 지금은 네덜란드 제도에 속한다.)

데지마
포르모사(지금의 대만)
실론
바타비아(지금의 인도네시아 자카르타)
네덜란드
브라질
뉴네덜란드
기아나(베네수엘라)

The Dutch East India Company

거지 무리)을 조직해 스페인의 은 선박을 습격했다.

전쟁이 장기화되자 스페인은 회유에 나섰고, 가톨릭이 많은 남부 10개 주(현재의 벨기에)는 전쟁에서 이탈해 스페인령에 머물게 되었다. 참고로 라틴 문화와 게르만 문화의 접점에 위치하는 벨기에는 북부에는 네덜란드어를 말하는 프라만인, 남부에는 프랑스어를 말하는 와론인, 동부에는 독일어를 말하는 게르만인이 살고 있어 공용어가 세 개나 된다.

하지만 위트레흐트(라틴어의 '건너는 장소'에서 유래, 라인 강 지류(支流)의 교통 요충지)에서 동맹을 결성해 철저하게 항전하기로 결정한 북부

네덜란드와 스페인이 격돌한 지브롤터 해전, 1621년, 코르넬리스 클라츠 판 위링겐, 네덜란드 암스테르담 레이크스 미술관

7개 주는 싸움을 계속해서 1581년에 네덜란드연방공화국의 독립을
선언했다

네덜란드의 동인도회사는 아시아, 서인도회사는 아메리카 지배

1602년, 네덜란드는 동인도를 비롯한 아시아와 교역을 하기 위해
'동인도회사'를 설립한다. 그리고 네덜란드 의회는 상인의 과당 경쟁
을 방지하기 위해 아프리카의 희망봉 동쪽과 남미의 마젤란 해협 서
쪽 범위에 대해 여러 국가와의 무역 독점권과 전쟁 수행권, 조약 체
결권을 동인도회사(자본금은 약 50만 파운드, 영국 동인도회사의 10배)에
주었다. 그리고 네덜란드인은 함대 파견에 주력한 포르투갈과는 달
리, 대량의 상선을 이용해 전 세계의 바다로 진출했다.

동인도회사는 최초의 향신료 산지인 몰루카 제도의 암본 섬(원주민
인 암본인에서 유래)과 자바 섬 서부, 자카르타에 설치되었다. 자카르타
는 산스크리트어로 '승리의 도시'라는 뜻인데, 네덜란드인이 이 도시
를 바타비아(네덜란드의 '바체족의 땅'이라는 뜻)라고 개칭했다.

네덜란드인은 포르투갈에서 인도 무역의 거점인 믈라카를 빼앗았
고, 아시아에 이르는 중계무역지로서 남아프리카에서 케이프 식민지
를 경영했다.

대만 해협을 손에 넣은 네덜란드는 나가사키(長崎)의 데지마(出島)
를 통해 대일 무역도 독점했다. 17세기 초반에 네덜란드가 일본에서
수입한 은은 당시 유럽이 신대륙에서 수입한 은의 총량에 필적할 정

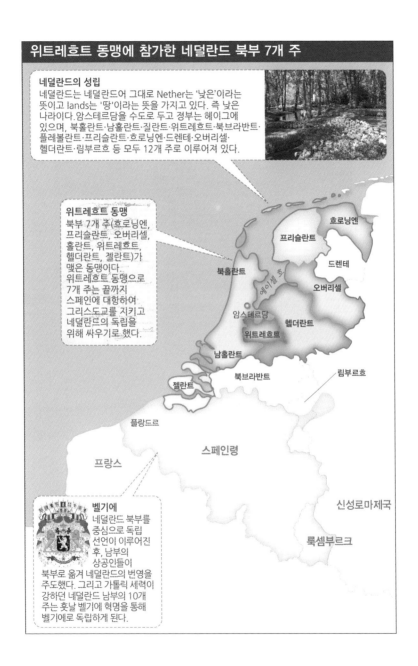

위트레흐트 동맹에 참가한 네덜란드 북부 7개 주

네덜란드의 성립
네덜란드는 네덜란드어 그대로 Nether는 '낮은'이라는
뜻이고 lands는 '땅'이라는 뜻을 가지고 있다. 즉 낮은
나라이다. 암스테르담을 수도로 두고 정부는 헤이그에
있으며, 북홀란트·남홀란트·질란트·위트레흐트·북브라반트·
플레볼란트·프리슬란트·흐로닝엔·드렌테·오버리셀·
헬더란트·림부르흐 등 모두 12개 주로 이루어져 있다.

위트레흐트 동맹
북부 7개 주(흐로닝엔,
프리슬란트, 오버리셀,
홀란트, 위트레흐트,
헬더란트, 젤란트)가
맺은 동맹이다.
위트레흐트 동맹으로
7개 주는 끝까지
스페인에 대항하여
그리스도교를 지키고
네덜란드의 독립을
위해 싸우기로 했다.

흐로닝엔
프리슬란트
드렌테
북홀란트
에이셀 호
오버리셀
암스테르담
헬더란트
위트레흐트
남홀란트
림부르흐
젤란트
북브라반트
플랑드르
스페인령
프랑스
신성로마제국
룩셈부르크

벨기에
네덜란드 북부를
중심으로 독립
선언이 이루어진
후, 남부의
상공인들이
북부로 옮겨 네덜란드의 번영을
주도했다. 그리고 가톨릭 세력이
강하던 네덜란드 남부의 10개
주는 훗날 벨기에 혁명을 통해
벨기에로 독립하게 된다.

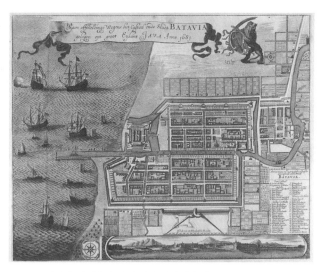

네덜란드 동인도회사가 지배했던 자바 섬과 바타비아 지도

도였다. 당시에 네덜란드의 위세가 얼마나 대단했는지를 알 수 있는
대목이다.

　여기에 그치지 않고 1621년에 창설된 네덜란드의 서인도회사는
카리브 해의 서인도 제도와 브라질, 북미의 뉴네덜란드(중심은 뉴암스
테르담(오늘날의 뉴욕))에 식민지를 건설했다.

'물의 도시' 암스테르담에서 전 세계의 바다로 진출

남한의 절반밖에 안 되는 좁은 땅덩이의 네덜란드는 국토의 4분의 1이 해면보다 낮다. 특히 네덜란드 서부 지역은 토지 대부분이 해면보다 낮고, 북해에 접한 해안선은 거의 대부분이 사구(砂丘)로 되어 있다.

네덜란드는 유럽의 모직물 생산의 중심인 동시에 대형 선박을 이용해 다른 나라의 절반 정도 되는 운임으로 화물을 운반하는 조선 대국이며 해운 대국인데, 17세기 전반에 전성기를 맞이해 유럽 상업과 금융의 중심지가 되었다.

한편, 암스텔 강이 에이셀(Ijssel) 호로 흘러 들어가는 지점에 축조된 암스테르담은 화가 렘브란트의 활약을 통해서도 알 수 있듯이 문화적으로도 번영한 곳이었다. 암스테르담이라는 지명은 '암스텔 강의 제방'이라는 뜻으로, 이 도시는 이탄과 모래층에 수많은 말뚝을 박아 인공적으로 단단한 기반을 구축해서 만들어졌기에 이런 이름이 붙여졌다. 해발 1미터밖에 안 되는 이 낮은 땅에는 총 길이가 136킬로미터인 160여 개의 운하가 여러 갈래로 연결되어 있으며 400여 개의 다리가 건설되어 있다. 네덜란드 선박은 바로 '물의 도시' 암스테르담에서 시작해 전 세계의 바다로 나간 것이다.

네덜란드의 해운업을 지탱한 것은 저렴한 가격에 대량으로 건조된 선박과 뛰어난 항해술, 그리고 무엇보다 거친 바다로 진출하려는 용기였다. 인생이란 신이 내린 시련을 극복해나가는 과정이라고 생각한 네덜란드인은 거친 바다에 진출하는 일을 주저하지 않았다. 바로 이것이 그들이 세계를 제패할 수 있었던 이유 가운데 하나이다.

인도산 면직물 '캘리코'가 영국 산업혁명을 일으켰다?

영국 의회가 모직물 산업을 보호하려고 면직물 수입을 금지

산업혁명이란 1760년대 이후에 영국에서 일어난 기계 발명과 증기기관 도입, 또 이로 인해 일어난 경제와 사회의 대변동을 말한다. 그 결과 전통적인 농업 중심의 경제에서 공업 제품의 대량 생산을 기반으로 하는 경제로 이행했고, 사회는 극적인 전환을 이루었다.

산업혁명은 '대항해 시대' 이후 환대서양 해역에서 진행된 대규모 무역과 상품시장의 성장으로 시작되었다.

유럽의 새로운 주력 상품이 된 것은 영국이 17세기 말에 인도에서 수입한 아열대 직물인 '면직물'이었다. 면직물은 캘리컷(Calicut : '수탉의 요새'라는 뜻으로, 오늘날의 코지코드)에서 수입했기 때문에 '캘리코(calico)'라고 불렸다.

전 세계로 확산된 영국의 산업혁명

영국 1760년대
최초의 산업혁명이 일어났으며, 면직 공업을 시작으로, 증기기관을 이용한 철도와 배가 등장했다.

미국 1830년대
영국으로부터 자립하였으며, 남북 전쟁 후 본격화되었다. 풍부한 자원과 노동력으로 농업국가에서 공업국가가 되었다.

러시아 1900년대
러시아와 프랑스의 동맹 체결로 프랑스 자본이 투입되면서 시작되었다. 특히 정부의 주도로 공업을 많이 지원했다.

프랑스 1830년대
영국보다 늦게 시작했고 왕정 아래서 진전되었다. 리옹에서 견직물 공업부터 시작, 제2 제정 시대에 크게 발전했다.

독일 1850년대
통일 준비 과정에서 국가 주도로 시작했다. 방직업 기계를 도입하고 중공업을 지원하여 철도와 도로를 만들었다.

영국 국내외에서 '캘리코'가 폭발적으로 팔리자, 영국 의회는 1770년부터 전통 산업인 모직물 산업을 보호하기 위해 인도산 면직물의 수입을 금지했다. 하지만 사람들이 짧은 시간에 큰돈을 버는 장사를 포기할 리 없었다. 그래서 서인도 제도(카리브 해)에서 아열대성 면화를 재배한 뒤, 노예무역선이 리버풀('탁한 후미'라는 뜻)로 돌아갈 때 이 면화를 운송해 갔으며, 나중에 맨체스터('가슴 모양의 언덕 도시'라는 뜻)에서 이를 이용해 면직물을 생산하기 시작했다.

부드럽고 튼튼하며 습기를 잘 흡수하는 면직물은 영국에서 급속히 국내외와 환대서양 해역의 주력 상품으로 성장했다. 면직물은 만들기만 하면 전부 팔렸다. 그리고 이 면직물을 효과적으로 생산하기 위한 아이디어가 쌓이고 쌓여 결국 '산업혁명'으로 이어졌다.

영국은 '세계의 공장'으로, 런던은 '세계의 금융시장'으로 성장

1760년대 모직물 생산에서 이용한 '플라잉 셔틀(flying shuttle ; 1733년 영국 기술자 J. 케이가 발명한 직조 기계. 이전까지는 씨실을 넣은 북을 손으로 조작하는 것이 보통이었으나, 이것을 케이는 핸들에 달린 끈으로 조작해 피커를 쳐서 북을 좌우로 보내는 구조로 고안하였다. 영국 산업혁명 당시의 획기적인 발명품으로 직물 생산 효율을 획기적으로 개선한 것으로 유명하다)을 면

스피닝 제니(초기의 방직기), 2004년, © Markus Schweiß, 독일 부퍼탈 미술관, W-C

직물 공정에 이용하면서 능률이 두 배로 증가하자, 오히려 원료인 면사가 부족해졌다(실 부족 현상).

그래서 면직물공이며 목수인 하그리브스(James Hargreaves)와 가발 제조업자인 아크라이트(Richard Arkwright), 면직물공인 크럼프톤(Crompton) 등이 더욱 개량된 방적 기계를 발명했다(기술 혁명). 이어 제임스 와트(James Watt)가 증기기관을 개량하면서 증기를 사용해 이들 기계를 작동하게 되었다(동력 혁명).

이런 대규모 생산 기술이 산업의 여러 분야로 파급되자, 면직물업이 한창이던 글래스고(켈트어로 '초록색의 움푹 파인 땅'이라는 뜻)와 금속 공업의 버밍엄(Birmingham : 앵글로색슨계인 '바무인의 목초지'에서 유래), 제당과 담배업의 브리스틀(Bristol : '다리가 있는 장소'라는 뜻) 등 전원 지대에 잇따라 신흥 공업 도시가 출현했고, 런던 등의 기존 도시도 폭발적으로 성장했다.

방대한 물자를 소비만 했던 도시가 '대규모 생산지'로 극적인 탈바꿈을 한 것이다. 당시 한창 대규모로 농업을 경영하면서(농업 혁명) 농촌에서 많은 잉여 노동력이 도시에 유입된 것도 도시가 변화하는 데 촉진제 역할을 했다.

1780년 이후 영국이 '세계의 공장'으로 성장하면서 템스 강 하류에 위치한 런던은 세계 경제의 중심지가 되었으며, 1801년에는 런던 인구가 100만 명을 넘어섰다. 그리고 '시티'라고 불리는 중심가는 잉글랜드 은행을 비롯한 금융과 보험기관이 즐비하게 늘어서 금융가로 탈바꿈했다.

이 산업혁명은 19세기 중반에는 프랑스와 벨기에, 독일, 미국으로 건너갔고, 19세기 말에는 스웨덴과 일본, 20세기 초반에는 러시아와 캐나다까지 전 세계로 확산되었다.

철도망과 증기선 항로가
지구 전체를 휘감았다

1830년에 무역항 리버풀과 공업도시 맨체스터를 철도로 연결

산업혁명은 인류에게 새로운 과제를 던져주었다. 바로 도시가 이용하는 석탄과 원료, 생활 자원을 수송하는 문제였다. 영국에서는 포장도로망과 운하망이 성장했는데, 나중에는 소형화되고 고성능화된 증기기관을 짐마차나 토람(석탄을 운반하는 트럭)에 설치해 물자를 운반하자는 발상도 하게 되었다.

그리고 1804년, 영국인 트레비식(Trevithick)이 소형 증기기관을 운반차에 올린 증기기관차를 처음으로 만들었다. 이후 스티븐슨(Stephenson)이 이를 실용화했고, 1830년에 무역항 리버풀과 면직물업의 중심지였던 맨체스터 간 약 45킬로미터의 거리를 시속 40킬로미터의 속도로 달리는 철도를 만들었다. 개통 후 첫 3년 동안은 하루에 평균 1,100명의 승객을 태우는 등 대성공을 거두었다. 당시 두 도시 사이를 달리던 모든 마차를 총동원해도 하루에 700명밖에 운송하지 못했기 때문이다. 철도망의 효용성과 우위성이 실증된 것이다.

그 후 여러 분야에 걸쳐 이익을 찾아 나서는 사람들로 인해 '철도 광(鐵道狂) 시대'라고 하는 철도 건설 붐이 일었고, 1850년대 초반에 는 런던에서 전 국토로 방사 모양으로 뻗는 대철도망이 완성되었다 (1855년에는 1만 3,400킬로미터).

1883년에 파리와 이스탄불을 연결하는 '오리엔트 특급' 개통

철도 건설은 유럽에서 미국, 아시아 등 세계 각지로 급속히 확산되 었다. 독일은 1850년에 프로이센 왕국의 수도 베를린('호수와 연못 지 대'라는 뜻)을 중심으로 영국에 이어 두 번째로 긴 철도망을 보유하게 되었고, 프랑스도 나폴레옹 3세 시절에 영국에 필적할 만한 철도망 을 소유하게 되었다. 그리고 유럽을 횡단하는 철도로 1883년에 파리 와 이스탄불을 연결하는 '오리엔트 특급'(소요 시간은 81시간 반. 나중에 는 67시간 반)이 개통되었다.

1830년에 처음으로 철도가 개통된 미국에서는 철도 건설이 서부 개척과 '대륙 국가' 형성의 중심축이 되었으며, 거의 5년마다 부설 거리가 2배로 늘어나는 등 미국의 주요 산업으로 자리 잡았다. 1869 년에는 동서 양방향에서 건설된 철도가 유타 주에서 연결되어 '대륙 횡단철도'가 개통되면서 마침내 미국의 대동맥이 탄생했다.

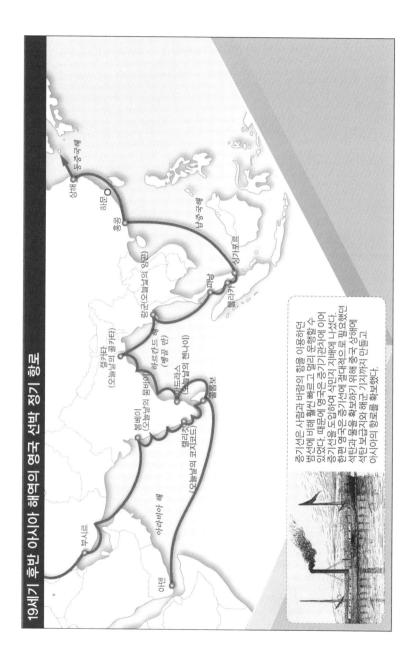

19세기 후반 아시아 해역의 영국 선박 정기 항로

상해
동중국해
하문
홍콩
남중국해
싱가포르
삐낭
믈라카
랑군(오늘날의 양곤)
캘커타
(오늘날의 콜카타)
하이데라바드
봄베이
(오늘날의 뭄바이)
마드라스
(오늘날의 첸나이)
콜롬보
캘리컷
(오늘날의 코지코드)
아라비아 해
부시르
아덴

증기선은 사람과 바람의 힘을 이용하던 범선에 비해 훨씬 빠르고 멀리 운행할 수 있었다. 때문에 영국은 증기기관차에 이어 증기선을 도입하여 식민지 지배력으로 팽창에 나섰다. 한편 영국은 증기선에 절대적으로 필요했던 석탄과 물을 확보하기 위해 중국 상해에 석탄 보급기지와 해군 기지까지 만들고 아시아의 항로를 확보했다.

인도와 아프리카 등의 식민지에도 유럽으로 물건을 운반하기 위해 많은 철도가 건설되었다. 즉, 철도는 유럽이 세계를 지배할 수 있는 인프라였던 것이다.

1905년에는 모스크바에서 시베리아 남부를 횡단해 블라디보스토크(Vladivostok)에 이르는 길이 9,297킬로미터의 '시베리아 철도'도 개통되었다.

식민지 곳곳에 석탄 보급 기지와 대영제국의 해군 기지를 건설

1860년대에 접어들자 바다 세계도 범선에서 증기선으로 전환하기 시작했다. 하지만 증기선은 석탄을 대량으로 사용했기 때문에 석탄

페름 근처 카마 강의 다리, 시베리아 횡단철도, 1905~1915년, 미국 연방의회도서관

과 물을 보급하는 기지가 많이 필요한 데다가, 증기기관이 고장 났을 때 수리와 부품 조달 방법을 찾지 못했으므로 보급이 지연되었다.

그런데 영국은 아덴과 뭄바이, 페낭 섬, 싱가포르, 홍콩, 하문(厦門), 그리고 상해 등에 석탄 보급 기지와 대영제국 해군 기지를 건설해서 아시아까지 이르는 항로를 안전하게 확보했다. 참고로 인도 최대 도시인 뭄바이와 싱가포르, 홍콩, 상해는 오늘날에도 아시아를 대표하는 대무역항이다. 증기선 항로가 세계 전체로 확산되자, 런던뿐만 아니라 리버풀과 안트베르펜, 함부르크 등의 여러 항구가 세계의 '해상 네트워크'의 중심지가 되었다.

유럽에 국민국가 확산시킨
프랑스 혁명과 나폴레옹

파리 민중은 스스로 무장하기 위해 바스티유 감옥을 점령

18세기 말, 프랑스는 미국의 독립 전쟁을 지원하면서 심각한 재정난이 발생했다. 게다가 수년 동안 흉작이 계속되자 프랑스 인구 98%를 차지하는 민중의 4분의 3이 생활비의 80%를 빵값으로 써야 하는 생활고에 직면해 있었다.

이에 정부는 전통적으로 면세 특권이 있는 성직자와 귀족에게도 과세를 하기로 결정했으나, 시행도 해보지 못한 채 이들의 철저한 저항에 꺾이고 만다.

결국 1789년, 파리 서남쪽으로 20킬로미터 지점에 위치한 베르사유 궁전(당시 궁전에서 생활한 사람은 5,000명으로 본관의 양 날개의 길이는 400미터가 넘었다)에서 심각한 재정난 극복 문제를 다룰 의회가 열렸고, 여기서 제3 신분(성직자와 귀족 이외의 민중)은 '국민의회'를 결성해 헌법 제정 작업에 들어갔다.

그러나 국왕이 이 의회를 인정하지 않고 탄압할 기세를 보이자, 파리 민중은 스스로 무장하고 무기를 구하기 위해 폭 25미터의 수로 와 높이 30미터의 성벽에 둘러싸인 바스티유 감옥(17세기 이후 감옥으로 사용되어 계몽사상가 볼테르, 작가 사드 등이 수용되었다)으로 몰려갔다. 이곳에서 충돌이 일어나 감옥사령관이 살해되었고, 불에 탄 감옥은

점령된 바스티유, 1789~1791년, 작가 미상, 비지유 프랑스혁명박물관

민중군이 점거하게 되었다.

이윽고 파리 민중은 자신들의 손으로 시장을 선출했고, 의용군으로 미국 독립 전쟁에 참가했던 영웅 라파예트(Marquis de Lafayette)를 국민위병사령관으로 임명했고, 국왕은 이를 승인했다. 이후 혁명은 농촌까지 파급되었고, 귀족의 성이나 별장을 습격하는 움직임도 확산되었다.

그리고 1789년 8월 26일, 의회는 이러한 민중의 움직임을 보고 재산을 잃을 위험성이 높다고 강하게 느꼈고, 따라서 '인간의 자유와 평등'을 규정한 '인권 선언'을 채택해 사태를 진정시키고자 노력했다.

혁명과 반혁명 그룹의 충돌은 유럽 전체로 확산

그 후 튈르리 궁전(Palais des Tuileries ; 현재는 공원이 되었다) 승마연습장에 의회가 설치되었고, 전국이 80여 개의 현으로 나뉘었으며 파리에 설치된 유일한 정부가 전국 공통의 법률로 통치하는 중앙집권국가가 되었다. 지방의 면세 특권과 예전부터 존재했던 법률, 의회 등은 모두 폐지했다.

여기에 반발한 망명 귀족들은 오스트리아와 프로이센 등의 지원으로 혁명을 전복하려고 했고, 국왕도 이런 움직임에 지지를 보냈다. 그리고 1791년, 망명 귀족들과 모의해 오스트리아로 도피를 시도한 루이(Louis) 16세 일가가 혁명군에게 체포되면서 시민들은 국왕에게

프랑스 혁명의 국민국가 물결이 전 세계로 파급

1991년~
구 소련령과 중앙 아시아에 국민국가 성립
(제6파급)

19세기
유럽에 국민국가 성립
(제2파급)

1783년
미합중국 설립

1787년
미합중국 헌법 제정

1789~1799년
프랑스 혁명

프랑스

제1차 세계대전 후
동유럽에 국민국가 성립
(제3파급)

1945~1950년대
아시아에 국민국가 성립
(제4파급)

1945~1950년대
북아프리카에 국민국가 성립

1810~1820년
라틴아메리카에 국민국가 성립

1960년대
아프리카에 국민국가 성립
(제5파급)

환대서양 혁명
(제1파급)

라파예트
프랑스 귀족 출신으로 미국의 독립 전쟁에서 많은 공을 세웠다. 프랑스 혁명 초기에 국민위병사령관이 되었으며, 귀족, 성직자, 평민의 대표를 모아서 삼부회를 소집하고, 프랑스 인권 선언의 초안과 최종본을 작성했다.

완전히 등을 돌려버린다.

이런 상황에서 혁명군은 오스트리아와의 전쟁을 시작했다. 그러나 장교 가운데 절반이 망명해버린 프랑스는 패전을 거듭했고, 민중으로 구성된 의용군이 참전함으로써 더욱더 과격해졌다. 그리고 1793년에 접어들면서 결국 국왕 루이 16세가 콩코르드 광장의 기요틴에서 공개 처형되었다.

이에 대해 영국과 러시아, 프로이센 등이 '대불 동맹(반프랑스, 반혁명 동맹)'을 결성했고, 혁명과 반혁명 그룹의 충돌은 유럽 전체로 확산되었다.

한편, 혁명정부는 농민에게 무상으로 토지를 배분해주었는데, 민

튈르리, 루브르 박물관, 1850년경, 샤를 피쇼, 미국 연방의회도서관

중은 도시에서 생활하기 불안한 데다 무상으로 배분하는 토지도 소유하고 싶은 마음에 하나둘씩 혁명에서 이탈하기 시작했다. 그리고 1794년에는 급진파 지도자인 로베스피에르(Maximilien Robespierre)가 처형되었으며(테르미도르 반동), 1795년에 제정된 헌법에 따라 총재정부(로베스피에르가 처형된 뒤 부르주아 공화주의에 입각한 제한선거를 통해 의안 제출권을 가지는 500인회와 의안 선택권을 가지는 원로원의 2원제 의회가 구성되고 행정부에는 5명의 총재가 취임했는데, 바로 이 총재정부 체제를 가리킨다)가 혁명을 수습해나갔다.

나폴레옹의 혁명과 전쟁으로 유럽에 국민국가 속속 등장

그러나 아무리 노력하고 시간이 지나도 국내 대립과 주변 국가의 압력은 수습되지 않았다. 따라서 프랑스는 결국 군대에 의지할 수밖에 없었다.

이 시기 역사의 무대에 등장하는 사람이 바로 나폴레옹이다. 그는 혁명군의 전투를 지휘하면서 능력을 높이 평가받은 군인이었다. 징병제로 구성된 군대를 이끌고 잇따라 승리를 거둔 그는 전쟁의 승리를 토대로 삼아 법 체계(나폴레옹 법전)를 정비했으며, 1804년에는 국민투표를 실시해 황제의 자리에 올랐다. 또 나폴레옹은 부르주아(유산 시민)의 이익을 추구하면서 프랑스를 유럽의 패자로 만드는 데 성공했다. 그러나 그는 이후 영국과 프로이센, 러시아 등 유럽 강대국에 잇달아 패하고 만다.

제위에 앉은 나폴레옹, 1806년,
앵그르, 프랑스 파리 군사박물관

따라서 1814년 빈에서 진행된 회의에서 유럽의 옛 질서(프랑스 혁명 이전의 정치 체제와 국제 정치)가 부활하게 된다(빈 체제). 특히 영국 등은 5국 동맹이라는 군사 동맹과, 신성 동맹이라는 정치 동맹을 교묘하게 이용하며 옛 질서를 유지하려고 했다. 하지만 18세기 말에 시작된 산업혁명 파급에 따른 유럽의 변화에 대응하지 못해 일어난 프랑스 2월 혁명으로 빈 체제는 붕괴되었고, '자유주의와 내셔널리즘의 시대'로 이행했다. 이로써 19세기 후반에는 프랑스와 같은 '국민국가' 체제가 전 유럽으로 확산되기 시작한다.

영국과 프랑스를 비롯한 유럽의 강대국들이 등장

국민국가로 개조한 영국과 프랑스가 강대국으로 도약

19세기 후반은 유럽 국가들의 자본주의 경제가 눈부시게 발달했고, 도시 인구가 증가한 '국민국가'의 기치 아래에서 이른바 '부국강병'을 꾀하는 시대였다.

산업혁명 이후 '세계의 공장'으로서의 지위를 확립한 영국은 빅토리아(Victoria) 여왕(재위 1837~1901) 아래서 황금시대를 맞이한다. 전 세계의 모든 국가와 자유무역을 추진하려 한 영국은 1860년에 관세를 솔선해서 철폐했고(48개 품목 제외), 각국과 통상 조약을 체결했다. 또 선거권을 노동자에게까지 확대했고, 보통교육을 실시했다.

프랑스는 1851년에 쿠데타를 일으켜, 다음 해인 1852년에 국민투표를 통해 제위에 오른 나폴레옹 3세(재위 1852~1870)의 정권하에서 경제적으로 약진했으며, 수도 파리(켈트어로 '파리 사람들의 땅'이라는 뜻)에서는 오스만 남작(Georges-Eugène Haussmann)이 전면적으로 도시를 개조해 오늘날과 같은 파리의 원형이 형성되었다.

1861년에 수도를 토리노로 하는 이탈리아 왕국이 성립

당시 심각한 분열 상태에 있던 이탈리아에서는 토리노(켈트어의 '수소'가 어원)를 수도로 삼은 사르데냐 섬을 중심으로 사르데냐 왕국이 통일 운동의 중심에 섰다. 그리고 비토리오 에마누엘레(Vittorio Emmanuele) 2세(재위 1849~1878)가 총리 카보우르(Conte di Cavour)와 협력해 '부국강병'을 지향했다.

1858년, 카보우르는 프랑스의 나폴레옹 3세와 밀약을 맺어 이탈리아 반도에 대영토를 보유한 오스트리아를 물리쳤고, 1859년에 롬바르디아('롬바르디아 왕국'에서 유래) 지방을 획득했으며, 1860년에 이에 대한 대가로 사보이와 니스(승리의 여신 니케에서 유래)를 프랑스에 주었다. 같은 해 사르데냐는 주민투표를 실시해 중부 이탈리아를 병합한다.

이탈리아 왕국의 시칠리아 총독이었던 주세페 가리발디, 이탈리아 통일 운동에 중요한 역할을 했다

영국
산업혁명 후 빅토리아 여왕 아래서 황금시대를 맞이하였으며, 전 세계의 모든 국가와 자유무역을 추진하려고 애썼다.

독일
빌헬름 1세 아래 재상이었던 비스마르크의 활약으로 독일의 통일을 위한 초석을 다졌으며, 오스트리아, 프랑스 등과 싸워 독일제국을 만들었다.

노르웨이

스웨덴   발트 해

북해   덴마크

러시아

그레이트 브리튼 아일랜드 연합왕국

슐레스비히 홀슈타인

독일 (프로이센 왕국)

네덜란드

런던   벨기에   룩셈부르크

로렌

파리   알자스

프랑스   스위스

오스트리아 헝가리

알자스와 **로렌**은 1871년 독일이 프랑크푸르트 조약으로 획득했다. 그러나 1919년 제1차 세계대전 후에 맺은 베르사유 조약으로 프랑스가 돌려받았다.

베네치아

롬바르디아

사보이   토리노

니스   피렌체

이탈리아

로마

오스만 투르크

마드리드
스페인

포르투갈

나폴리

그리스

사르데냐 왕국

알제리(프랑스)

지중해

시칠리아

프랑스
국민투표로 제위에 오른 나폴레옹 3세 아래서 경제적으로 발전했고, 오스만의 기획으로 현재의 파리 원형이 만들어졌다.

이탈리아
심각한 분열 상태였지만 비토리오 에마누엘레 2세가 총리인 카보우르와 협력해서 부국강병을 지향했고, 이탈리아 왕국을 만들었다.

1860년, '청년 이탈리아'의 지도자 가리발디(Giuseppe Garibaldi)는 '붉은 셔츠 부대'를 이끌고 원정을 떠나 나폴리와 시칠리아로 구성된 두 시칠리아 왕국을 정복했다. 한편 카보우르는 교황령인 바티칸(라틴어로 '신탁의 언덕'이라는 뜻)을 병합했고, 나폴리로 진군한 가리발디를 설득해 점령지를 국왕에게 헌상하게 했다.

이리하여 베네치아와 교황이 지배하던 로마를 제외하고 이탈리아의 통일이 마무리 단계에 접어들었고, 1861년 수도를 토리노(1861~1865)로 하는 이탈리아 왕국이 성립되었다. 그 후 프로이센과 오스트리아 전쟁을 통해 베네치아가 통합되었고, 프로이센과 프랑스

바티칸 성 베드로 광장(1984년부터 유네스코 세계문화유산), 2007년, © Diliff, W−C

전쟁을 통해 로마가 통합되면서 수도를 로마로 옮겼다. 이런 사정 때문에 이탈리아는 지역성이 매우 강하다. 이탈리아 북부에는 "로마부터 그 이남은 이탈리아가 아니다"라고 말하는 사람도 많다.

비스마르크는 전쟁으로 독일을 통일하기 위해 군비 확장

35개 군주국과 4개의 자유시로 구성된 연방국가 독일에서는 오스트리아와 프로이센이 통일의 주도권을 쥐고 있었다. 그리고 빌헬름(Wilhelm) 1세하에서 재상이 된 융커(영지 귀족) 비스마르크(Otto von Bismarck)는 전쟁으로 독일을 통일하기 위해 군비 확대 정책(철혈 정책)을 취했다.

1864년, 덴마크의 슐레스비히('진흙투성이의 수역(水域)'이라는 뜻)와 홀스타인('숲의 정착자'라는 뜻) 두 개 주에 사는 독일계 주민이 반란을 일으키자, 프로이센은 오스트리아와 함께 파병해 이 두 개 주를 덴마크에서 독립시켰다. 그런데 나중에 이 두 개 주에 대한 처분과 관련해 오스트리아와 의견이 충돌하자, 1866년에는 오스트리아와 전쟁을 일으켰다.

7주간의 전쟁에서 승리한 프로이센은 1867년에 마인 강(라인 강 최대 지류, 켈트어로 '느린 강'이라는 뜻) 이북에 자신들을 중심으로 하는 북독일 연방을 성립했다.

또 독일 통일을 달성하기 위해서는 나폴레옹 3세와 싸울 수밖에 없다고 판단한 비스마르크는 1870년에 스페인 왕위 계승 문제로 프랑스를 도발해 전쟁을 일으켰다. 이것이 바로 '프로이센 – 프랑스 전쟁'이다.

전쟁이 시작되자 미처 전쟁 준비를 하지 못한 프랑스는 메츠에서 패했고, 원군을 이끌고 달려온 나폴레옹 3세가 스당에서 포로로 잡히는 대참패를 맛보았다. 이윽고 파리도 함락되는데, 그사이에 베르사유 궁전 '거울의 방'에서 프로이센의 국왕 빌헬름 1세가 황제에 즉위하면서 독일제국이 성립된다.

1871년, 독일과 프랑스 양국의 강화조약인 프랑크푸르트 조약으로 독일은 약 50억 프랑의 배상금과 알자스('맞은편에 사는 사람'이라는 뜻), 로렌('로텔 왕의 자손의 땅'이라는 뜻) 두 지방을 획득했다.

결국 이 일은 프랑스인의 내셔널리즘(nationalism)을 자극했고, 이 두 곳을 회복하는 것이 프랑스인의 염원이 되었다. 이로 인해 유럽 정치를 불안하게 만드는 프랑스와 독일 간의 대립이 시작된다.

참고로 프랑스는 제1차 세계대전에서 알자스와 로렌을 회복했는데, 이번에는 프랑스가 독일에 대해 천문학적인 금액이라고 할 만한 배상금을 요구했다. 아이러니하게도 패전국 독일에 대한 강화조약도 역시 베르사유 궁전 '거울의 방'에서 체결되었다.

유럽과 아시아를 잇는
대동맥 수에즈 운하 완공

아시아 진출이 활발한 유럽 국가들이 수에즈 운하 건설

수에즈 운하(콥트어(Coptic)로 '기점'이라는 뜻)는 지중해와 홍해를 연결하는 수에즈 지협을 남북으로 연결하는 길이 162.5킬로미터의, 세계에서 가장 긴 운하이다. 운하를 통과하는 다른 선박이 없을 때는 15만 톤 규모의 선박도 통과할 수 있으며, 연평균 1만 5,000척의 선박이 이곳을 통과한다.

나일 강 삼각주 지대와 홍해 사이의 운하는 기원전 13세기 고대 이집트에서 건설했다. 그 후 1000년 동안은 거의 돌보지 않았으며, 8세기 이후에는 완전히 방치된 상태였다. 하지만 산업혁명 후 유럽 국가들의 아시아 진출이 활발해지자 수에즈 운하의 중요성이 재인식되었다.

프랑스 외교관 레셉스(Lesseps)는 1854년에 이집트 총독 사이드에게서 수에즈 운하 개통권과 수에즈 지협 지대의 조차권을 얻었다. 2년 후에는 종주국인 오스만제국에서도 개통권 허가를 받았다. 그리하여 1858년, 자본금 2억 프랑의 만국수에즈운하회사가 설립되었다. 총 주식 40만 주 가운데 이집트 총독이 17만 6,000주를 소유했고, 프랑스인이 20만 주 이상을 소유했다. 그리고 99년 후에는 운하 소유권을 이집트 정부에 반환하기로 했다.

1859년에 공사가 시작되었는데, 처음에는 사람의 노동력을 이용해 굴착했지만 건설을 위한 거점인 이스마일리아(당시 총독의 이름에서 유래)가 완공된 1863년 이후에는 증기기관을 이용한 버킷 준설기로

Between Kantara and El-Ferdane—The First Vessels through the Canal

수에즈 운하를 지나는 첫 번째 선박 판화, 1869년, W-C

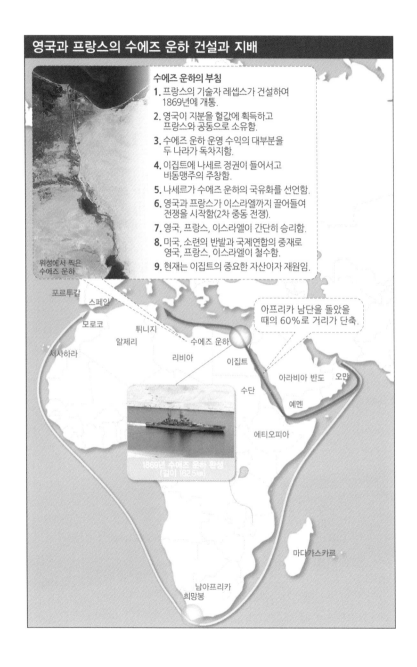

영국과 프랑스의 수에즈 운하 건설과 지배

수에즈 운하의 부침

1. 프랑스의 기술자 레셉스가 건설하여 1869년에 개통.
2. 영국이 지분을 헐값에 획득하고 프랑스와 공동으로 소유함.
3. 수에즈 운하 운영 수익의 대부분을 두 나라가 독차지함.
4. 이집트에 나세르 정권이 들어서고 비동맹주의 주창함.
5. 나세르가 수에즈 운하의 국유화를 선언함.
6. 영국과 프랑스가 이스라엘까지 끌어들여 전쟁을 시작함(2차 중동 전쟁).
7. 영국, 프랑스, 이스라엘이 간단히 승리함.
8. 미국, 소련의 반발과 국제연합의 중재로 영국, 프랑스, 이스라엘이 철수함.
9. 현재는 이집트의 중요한 자산이자 재원임.

위성에서 찍은 수에즈 운하

아프리카 남단을 돌았을 때의 60%로 거리가 단축.

포르투갈
스페인
모로코
튀니지
알제리
서사하라
리비아
이집트
수에즈 운하
아라비아 반도
오만
수단
예멘
에티오피아
1869년 수에즈 운하 완성
[길이] 162.5km
마다가스카르
남아프리카
희망봉

전환됐다. 뜨거운 태양 아래서 공사를 실시한 이집트 농민 12만 명이 희생된, 정말로 힘든 공사였다. 수에즈 운하는 예정 금액보다 2배 이상 더 많은 약 1억 달러의 자금이 들어가면서 1869년에 개통되었다.

수에즈 운하의 지배권 놓고 유럽 국가와 이집트가 전쟁

수에즈 운하는 수에즈 지협에 있는 호수 세 개를 연결하는 형태로 만들어졌다. 운하가 완공되자 아시아로 가는 거리가 아프리카 최남단인 희망봉을 돌아가는 기존 항로의 60% 정도로 단축되었을 정도이다.

당시 수에즈 운하를 통과하는 선박 가운데 60~80퍼센트는 영국 선박이었지만 운하회사는 파리에 설치되어 있었고, 프랑스인이 운영권을 쥐고 있었기 때문에 경영 사정이 매우 좋지 않았다.

이때 무리하게 근대화를 추진해 재정이 파탄 난 이집트 총독은 1875년에 자신이 보유하던 수에즈 운하의 주식을 매물로 내놓았다. 이 정보를 입수한 영국 총리 디즈레일리(Benjamin Disraeli)는 유대인 재벌 로스차일드(Rothschild)에게서 400만 파운드를 차입해 주식을 구매함으로써 운하의 주도권을 쥐게 되었다.

그 뒤 1882년에 이집트에서 아라비 파샤(Arabi Pasha)를 지도자로 한 배외적인 민족 운동이 일어나자 영국군은 수에즈 운하 지대를 단독으로 점령해 이집트를 자국 세력권에 편입했다. 1936년 영국과 이집트 사이에 조약이 체결되었고, 이에 따라 영국군의 운하 지대 주둔이 인정되었다.

그러나 1954년에 접어들면서 두 나라는 1936년의 조약을 폐지했다. 그리고 영국군이 운하 지대에서 철수하는 협정을 체결했으며, 1956년에는 영국군이 완전히 철수했다. 같은 해 미국과 영국이 건설 중이던 아스완하이 댐에서 손을 떼자, 이집트의 나세르(Gamal Abdel Nasser) 대통령은 운하를 국유화해 댐 건설 비용을 충당한다고 선언했다.

이에 이스라엘이 이집트를 공격했고, 이틀 뒤에는 영국과 프랑스가 운하의 무료 사용을 주장하며 이집트를 공격했다. 결국 국제연합의 중개로 3개국이 이집트에서 철수했으며, 1958년 수에즈 운하를 국유화하고 옛 주주에 대해 이집트 정부가 보상금을 지급하기로 하면서 합의가 성립되었다.

현재 수에즈 운하의 통행료는 이집트 정부의 중요한 재원이다.

독일의 3B 정책 추진이
영국의 3C 정책과 충돌

식민지 지배권을 놓고 신구 강대국들의 충돌이 본격화

1873년, 회복하는 데 장장 20년이 걸린 장기적인 불황(대불황)이 유럽과 미국을 강타했다. 해운과 철도의 발달, 냉동 기술 개량으로 미국과 남러시아의 곡물, 북미와 아르헨티나의 고기 등이 저렴하게 대량으로 유럽에 운반되면서 유럽 농업이 큰 타격을 입었다. 그리고 산업혁명이 유럽 대륙으로 파급되면서 공업 제품이 과잉 생산되어 장기 불황이 발생했다.

각국은 산업을 지키기 위해 보호관세를 제정하고, 기업은 합병과 카르텔 등으로 위기를 타개하고자 했다. 하지만 새로운 기술 체계가 출현하면서 영국은 제2차 산업혁명과 경영 시스템 혁신을 따라가지 못했고, 중요한 기간산업인 철강 생산에서 후진국이었던 미국과 독일에 추월당했다.

이 때문에 영국은 그때까지 축적해놓았던 방대한 자금을 해외에 투자하는 '금융 대국'의 길과 제국 확대의 길을 걸을 수밖에 없었다. 이전에 식민지를 확보해 기득권을 지키려는 러시아, 프랑스 등과 공동 보조를 취한 것이다. 이에 대해 급격히 공업력이 향상된 미국과 독일도 새로운 시장과 원자재 공급처, 자본 투자처를 찾아 식민지 확대에 나섰다.

이로 인해 신구 강대국 사이에서 식민지 지배권을 획득하려는 경쟁이 치열해지기 시작한다.

'3국 동맹'과 '3국 협상'의 양대 진영으로 강대국들 분열

신흥 공업국 독일의 세계 정책과 영국, 러시아 등 기득권을 가진 국가의 대립은 러일 전쟁 후에 '3국 동맹(독일, 오스트리아, 이탈리아)'과 '3국 협상(영국, 프랑스, 러시아)'으로 단순화되었다. 유럽 전체가 양대 진영으로 나뉜 것이다.

1888년에 즉위한 독일 황제 빌헬름 2세는 '신항로' 정책이라고 불리는 적극적인 팽창 정책인 3B 정책을 전개했다. 베를린(Berlin)과 비잔티움(Byzantium : 이스탄불), 바그다드(Bagdad)의 3개 도시를 연결하는 철도를 부설하고, 더 나아가 철도를 바그다드 외항인 바스라까지 연장해 항만 시설을 정비함으로써 영국의 세력권인 인도양을 흔들어놓겠다는 전략이었다.

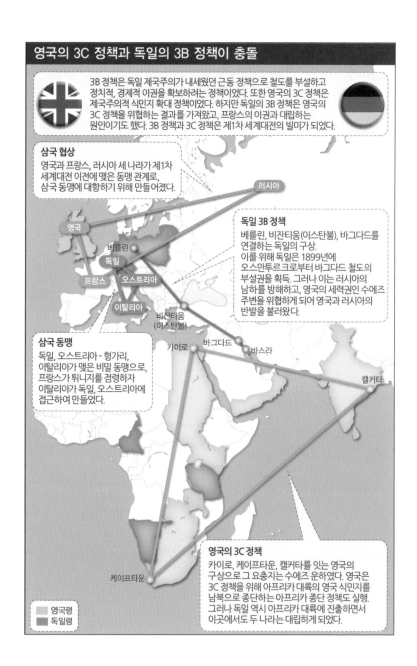

영국의 3C 정책과 독일의 3B 정책이 충돌

3B 정책은 독일 제국주의가 내세웠던 근동 정책으로 철도를 부설하고 정치적, 경제적 이권을 확보하려는 정책이었다. 또한 영국의 3C 정책은 제국주의적 식민지 확대 정책이었다. 하지만 독일의 3B 정책은 영국의 3C 정책을 위협하는 결과를 가져왔고, 프랑스의 이권과 대립하는 원인이기도 했다. 3B 정책과 3C 정책은 제1차 세계대전의 빌미가 되었다.

삼국 협상
영국과 프랑스, 러시아 세 나라가 제1차 세계대전 이전에 맺은 동맹 관계로, 삼국 동맹에 대항하기 위해 만들어졌다.

독일 3B 정책
베를린, 비잔티움(이스탄불), 바그다드를 연결하는 독일의 구상.
이를 위해 독일은 1899년에 오스만투르크로부터 바그다드 철도의 부설권을 획득. 그러나 이는 러시아의 남하를 방해하고, 영국의 세력권인 수에즈 주변을 위협하게 되어 영국과 러시아의 반발을 불러왔다.

삼국 동맹
독일, 오스트리아 - 헝가리, 이탈리아가 맺은 비밀 동맹으로, 프랑스가 튀니지를 점령하자 이탈리아가 독일, 오스트리아에 접근하여 만들었다.

영국의 3C 정책
카이로, 케이프타운, 캘커타를 잇는 영국의 구상으로 그 요충지는 수에즈 운하였다. 영국은 3C 정책을 위해 아프리카 대륙의 영국 식민지를 남북으로 종단하는 아프리카 종단 정책도 실행. 그러나 독일 역시 아프리카 대륙에 진출하면서 이곳에서도 두 나라는 대립하게 되었다.

러시아
영국
베를린
독일
프랑스
오스트리아
이탈리아
비잔티움 (이스탄불)
카이로
바그다드
바스라
캘커타
케이프타운

영국령
독일령

독일제국의 황제이자 프로이센의 왕이었던 빌헬름 2세, 터키에 관심이 많았고 근동 정책으로 베를린-비잔티움(이스탄불)-바그다드를 잇는 3B 정책을 추진했다

한편, 공업 생산 면에서 독일에 추월당해 수세에 몰렸던 영국은 케이프타운(Cape Town)과 카이로(Cairo), 캘커타(Calcutta)를 연결하는 등 아프리카와 독일을 연결하는 광대한 영역을 지배하는 3C 정책을 전개해 기존의 세력권을 유지하려고 했다. 그리고 영국은 러일 전쟁 후 국내의 혼란과 재정난에 고민하던 러시아에 프랑스와 함께 거액을 융자해주면서, 영불 협상을 모델로 러시아와의 우호 관계를 수립하고자 했다. 하지만 이미 영일 동맹(1902)을 맺은 영국이 러시아와 협상 관계를 구축하려면 먼저 일본과 러시아의 화합이 전제가 되어야 했다. 그래서 1907년에 러시아와 일본, 영국, 프랑스 3국 협상이 성

립했다.

결국 영국과 러시아 간에 이란 북부를 러시아가, 이란 남부와 아프
가니스탄을 영국이 지배하는 영러 협상이 체결되었다. 이 때문에 결
과적으로는 영국과 프랑스, 러시아, 일본 4개국이 국제 정치에서 동
일한 보조를 취하게 됨으로써 독일은 어쩔 수 없이 고립되고 말았다.

러시아와 독일 사이에서 흔들리는 동유럽 국가들

독일과 소련의 폴란드 침공으로 제2차 세계대전 시작

18세기부터 19세기에 걸쳐 동유럽은 러시아제국과 독일제국, 오스트리아제국, 오스만제국의 지배하에 편입되었다.

그런데 제1차 세계대전 후 이들 네 개 제국이 해체되었고 러시아혁명을 봉쇄하려는 프랑스 등의 의도가 개입되어, 전후 헝가리와 체코슬로바키아, 유고슬라비아(이후 오스트리아제국에서 독립), 핀란드, 에스토니아, 라트비아, 리투아니아(이상 러시아제국에서 독립), 폴란드(평원의 나라라는 뜻) 등의 신흥국이 성립되었다.

하지만 수많은 민족이 섞여 있고 봉건적인 지주제가 강하게 남아 있던 동유럽에 근대 국가를 건설하기는 매우 힘들었다. 따라서 공업화가 진행된 체코슬로바키아를 제외하고는 모두 국내외 상황이 매우

제1차 세계대전 후에 탄생한 동유럽 국가들

제1차 세계대전

세르비아계 청년이 오스트리아 황태자 부부를 죽인 게 민족주의에 불을 붙여, 독일과 오스트리아 등이 1914년에 전쟁을 선포하면서 시작되었다. 영국, 프랑스, 러시아 등의 협상국(연합국)과, 독일, 오스트리아의 동맹국이 양쪽의 중심이 되었던 전쟁으로, 1918년 독일의 항복으로 끝이 났다. 이 전쟁으로 유럽의 황실들은 거의 몰락했고, 유럽 경제는 엄청난 타격을 받았다. 또한 독일은 알자스, 로렌 등 해외 식민지를 잃고 많은 보상금을 연합국에 지불했다. 오스트리아와 헝가리도 분리되면서 영토가 줄었으며, 많은 민족국가들은 독립했다.

영국–프랑스–러시아(연합국)
독일–오스트리아(동맹국)

핀란드
노르웨이
스웨덴
발트 해　에스토니아
라트비아
리투아니아
영국
폴란드
소련
독일
체코슬로바키아
프랑스
오스트리아　헝가리
루마니아
유고슬라비아
이탈리아
불가리아
흑해
스페인
지중해
그리스
터키

핀란드 ('핀인'의 땅이라는 뜻, 핀인은 핀란드인)

폴란드 ('평원의 나라'라는 뜻)

에스토니아 ('동쪽 사람의 땅'이라는 뜻)

체코슬로바키아 ('최초의 사람', '슬라브 민족의 땅'이라는 뜻)

라트비아 ('사막의 나라'라는 뜻)

헝가리 ('10개의 화살'이라는 뜻)

리투아니아 ('해양의 땅'이라는 뜻)

유고슬라비아 ('남슬라브족의 땅'이라는 뜻, 현재는 6개국으로 분리)

불안정한 상태에 놓여 있었다.

제1차 세계대전에서 광대한 영토를 잃은 독일과 소련은 날이 갈수록 영국과 프랑스에 대한 불만이 심해졌다. 이것이 히틀러(Adolf Hitler)와 스탈린(Iosif Stalin)이 '독소 불가침조약'을 체결하게 된 배경으로 작용했다. 1939년 이 조약이 체결된 다음 달 독일군과 소련군이 폴란드를 침공하는데, 이것이 제2차 세계대전의 도화선이 되었다.

그리고 1941년, 앞서 언급했듯이 독일은 소련과 불가침조약을 맺었음에도 폴란드 침공을 감행한다. 이렇게 독일과 소련의 전쟁이 시작되자, 동유럽 국가들은 소련과 독일 가운데 어느 한 곳에 붙어야만 했다.

독일군이 동유럽을 침공하자 폴란드와 체코슬로바키아, 유고슬라비아는 런던에 망명 정부를 세웠고, 헝가리와 루마니아('로마인의 나라'라는 뜻), 불가리아('볼가 강에서 온 사람들의 땅'이라는 뜻)는 독일 쪽에 붙었다.

참고로 동유럽에서는 의석의 약 10%를 공산당이 확보하고 있는 체코슬로바키아를 제외하고는 거의 모든 나라가 공산당을 비합법으로 간주했었다.

그 후 1943년 스탈린그라드 전투 이후 공세로 전환한 소련군은 1944년에 독일군을 추격하면서 동유럽으로 진출해, 친독일 세력을 탄압하고 친소련 정권을 세웠다.

소련의 지원하에 공산당이 주도권을 잡은 동유럽 국가들

1945년 2월, 얄타 회담에서 미국과 영국의 묵인하에 소련은 영향력을 행사해 동유럽 국가에 '우호적인 정부'를 수립했고, 패전국에 배상금을 부과해 독일 공격에서 2천만 명이 숨졌을 정도로 심각한 피해를 입은 자국의 전후 복구에 그 돈을 이용했다.

한편, 불가리아와 루마니아에서는 소련 지원하에 공산당 정권이 수립되었고, 유고슬라비아와 알바니아('흰' 또는 '산'이라는 뜻)에서는 내전을 거쳐 사회주의 혁명이 성공했다. 또 동독과 폴란드, 헝가리, 체코슬로바키아에서는 연립정권이 성립되었고, 점차 공산당이 주도

포츠담 광장의 베를린 장벽, 1985년, © KarleHorn, W-C

권을 잡는 등 동유럽이 사회주의 국가로 물들기 시작했다.

하지만 1953년 스탈린이 죽자 그동안 소련과 '양국 간 관계'라는 쇠사슬로 연결되어 있던 동유럽에서 '비(非)스탈린화'가 진행되었고, 그들은 소련 지배에서 이탈해 다양한 길을 모색하기 시작했다. 관료화된 공산당 지배에 대한 불만은 헝가리와 체코슬로바키아 등에서 개혁 운동을 불러일으켰지만, 소련군의 침공으로 곧 진압되었다.

특히 1960년 이후로는 베를린의 절반을 서독이 관리했는데, 이 베를린을 경유해 도망친 난민이 잇따라 발생해, 1961년에는 수용소에 하루 평균 1,500명을 수용할 정도였다. 이런 상황에 체제 붕괴에 대한 위기감을 느낀 동독 정부가 동서 베를린의 경계선을 따라 세운 것이 바로 그 유명한 '베를린 장벽'이다.

동유럽의 공산당 정권 붕괴와 동서 독일의 통일

소련에서는 고르바초프(Mikhail Gorbachev)가 1985년 서기장(1988년 국가 원수 겸임)으로 취임했다. 그는 경제적인 어려움을 타개하기 위해 곧바로 '페레스트로이카(재건, 개혁)'와 '글라스노스트(정보 공개)'를 내걸고 체제 개혁에 착수했다. 고르바초프는 외교 면에서 신사고(新思考) 외교를 전개해, 동유럽에서 철수하고 냉전의 종결을 선언했다.

1989년 9월에 바르샤바 조약기구가 소련의 '제한주권론'을 부정했고, 9월에는 폴란드에 비공산당 정권이 성립되었다. 그리고 같은 해

11월에 동서 간의 경제 격차에 불만을 품은 동베를린 시민들이 '베를린 장벽'을 부수었다(베를린 장벽 붕괴). 그리고 그 뒤에도 동유럽의 공산당 정권이 계속 붕괴되었다. 1990년 10월에는 동서 독일이 통일되었고, 이로써 소련 지배하에 있던 동유럽권은 완전히 해체되었다.

현재, 동유럽은 경제적으로 불안정하기는 하지만 러시아의 세력권에서 벗어나 미국과 협력 관계를 강화하거나 EU에 가입해 경제 기반을 강화하고 있다.

세계 경제의 주도권을 겨냥, 28개국이 참여한 유럽연합

독일과 프랑스가 반목의 역사를 극복하고 유럽 통합에 앞장

서유럽은 20세기 전반에 일어난 제1차 세계대전과 제2차 세계대전이라는 참혹한 전쟁을 겪었고, 수많은 희생자를 배출했으며, 방대한 액수의 돈을 소모하고 식민지 대부분을 잃고 말았다.

유럽 세계를 불안하게 만든 큰 요인은 영국과 독일 두 나라의 주도권 싸움과, 독일이 '프로이센-프랑스 전쟁' 결과 획득한 알자스, 로렌 지방을 둘러싼 독일과 프랑스 양국의 반목이었다. 역사적으로 이런 악감정이 있었기 때문에 제1차 세계대전 후 프랑스는 독일에 천문학적인 액수의 배상금을 요구했고, 결국 그것이 제2차 세계대전을 유발하는 계기가 되었던 것이다.

1946년에 영국 총리 처칠(Winston Churchill)은 취리히 대학에서 "유럽 부흥을 위해 역사적인 반목을 계속하는 독일과 프랑스가 손을 잡고 유럽 공동체를 만들 필요가 있다"라고 연설했다.

즉, 서유럽의 안전 보장을 위해 독일과 프랑스 양국이 융합하여 유럽 전체가 공동체가 되어야 한다는 것이다. 하지만 냉전 체제의 시작과 독일에 대한 불신감이 이런 이상을 실현하는 데 장애물이 되었다.

이런 상황에서 프랑스 외상인 슈만(Robert Schuman)과 '유럽 통합의 아버지'라고 불리는 관료 장 모네(Jean Monnet)는 경제적인 면에서 독일과 프랑스가 제휴를 추진한다면 적대 관계가 해소될 것이라고 생각했다.

그리고 마침내 1950년에 슈만이 서독과 프랑스의 석탄 산업, 철강 산업을 관리하는 공동 기구를 설립했고, 다른 나라에도 가입할 수 있는 길을 열어놓자고 제안한다(슈만 플랜). 이 제안은 서독과 벨기에, 이탈리아, 룩셈부르크, 네덜란드 등 5개국의 지지를 얻었다. 그리고 드디어 1952년, 그동안 독일과 프랑스 간 '분쟁의 쟁점'이었던 석탄과 철강을 국가의 틀을 초월해 관리하는 유럽석탄철강공동체(ECSC)가 성립했다. 이것은 세계 최초로 국가를 초월한 행정 조직이었다.

ECSC에 가입한 국가의 외상(外相)은 경제 통합 확대 가능성을 검토했고, 1958년에 원자력의 평화적 이용을 위해 각국이 자원을 공유하는 유럽원자력공동체(EURATOM)를, 1958년에는 관세 철폐와 상품, 서비스, 노동력의 자유로운 이동을 지향하는 유럽경제공동체(EEC, 가입 6개국)를 발족했다. 특히, EEC는 역내 관세 철폐와 역외 국가로부터 수입하는 물품에 대한 공통 관세 설정, 공통의 농업 정책

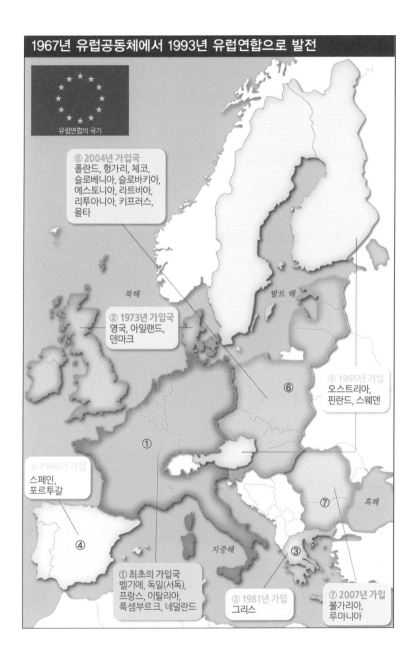

1967년 유럽공동체에서 1993년 유럽연합으로 발전

유럽연합의 국기

⑥ **2004년 가입국**
폴란드, 헝가리, 체코,
슬로베니아, 슬로바키아,
에스토니아, 라트비아,
리투아니아, 키프러스,
몰타

② **1973년 가입국**
영국, 아일랜드,
덴마크

북해

발트 해

⑥

⑤ **1995년 가입**
오스트리아,
핀란드, 스웨덴

①

④ **1986년 가입**
스페인,
포르투갈

④

흑해

⑦

지중해

③

① **최초의 가입국**
벨기에, 독일(서독),
프랑스, 이탈리아,
룩셈부르크, 네덜란드

③ **1981년 가입**
그리스

⑦ **2007년 가입**
불가리아,
루마니아

으로 경제적인 효과를 거두었다.

이에 대해 영국을 비롯한 비EEC 7개국은 1960년에 유럽자유무역연합(EFTA)을 설립한다. 그런데 EEC의 경제 성공이 확실해지자 영국이 가입하기를 원했지만, 프랑스 대통령 드골(Charles de Gaulle)이 '영국은 미국과 밀접한 관계를 맺고 있다'라는 이유로 가입을 거부했다.

모두 28개국이 참여한 유럽연합(EU)은 현재 영국이 탈퇴 선언

1967년, EEC와 ECSC, 그리고 EURATOM을 통합하는 조약이 체결되어 유럽공동체(EC)가 출범한다. 그리고 1960년대 후반에 통화 불안이 발생하자, EC는 1968년 관세동맹을 체결하여 공업 제품의 자유무역을 실현했다.

1973년에는 드디어 영국도 EC에 가입했고, 동시에 아일랜드와 덴마크도 가입했다. 그리고 1979년, 프로이센 – 프랑스 전쟁 이래 독일과 프랑스의 분쟁지였던 알자스 지방의 스트라스부르에 의회를 설치했다. 1980년대에 접어들어서는 그리스와 스페인, 포르투갈 등이 EC에 참가해 가입국은 12개국으로 늘어났다.

그 뒤 1990년 독일이 통일되자, EC는 독일이 대두하는 것을 억제하겠다는 의도로 기능을 확대했다. 그리고 1991년 네덜란드의 마스트리히트에서 열린 유럽이사회에 제출된 조약이 각국에서 비준을 거쳐 1993년에 발표되면서 유럽연합(EU)이 출범한다.

이 조약은 ① 유럽 시민권 도입과 유럽 의회 설립, ② 각국 통화 폐지와 EC의 단일 통화인 ECU(에큐) 발행 등이 주된 내용이었다. 이처럼 통합을 추진한 것은 EC 산업의 국제 경쟁력과 EC 경제의 국제적 지위가 상대적으로 저하되었기 때문이었다.

1999년에는 유럽경제통화동맹(EMU)이 출범했고, EU 15개국 가운데 11개국(영국 등 4개국 제외)이 참가해, 자본 거래를 통해 유럽공동통화 EURO(유로)를 사용하게 되었다. 영국은 국론이 양분되었기 때문이고, 스웨덴과 덴마크, 그리스도 유로에는 참가하지 않았다.

2002년에는 지폐와 경화(국제 금융에서 환관리를 받지 않고 금이나 각국의 다른 통화와 늘 바꿀 수 있는 화폐)가 일반 유통되기 시작했고, 각국의 화폐를 따로 사용하지 않게 되었다. 단일 화폐 '유로'는 2010년 기준으로 사용 인구가 약 5억 명이고 GDP가 약 16조 달러에 이르는 등 미국과 맞먹는 유럽 경제권의 공통 통화가 되었으며, 달러에 대항할 수 있는 차세대 통화가 될 가능성을 얻게 되었다. 즉, 2013년까지 모두 28개국이 참여하여 한때는 전 유럽의 연합으로 가는 방향을 모색하고 있다는 평을 듣기도 했다.

하지만 지금은 영국의 EU 탈퇴 선언으로 숨고르기를 하는 중이다.

5장

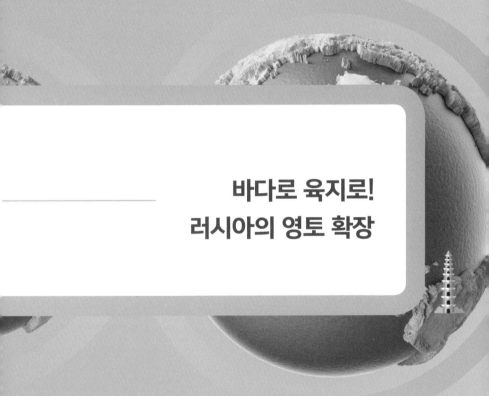

바다로 육지로!
러시아의 영토 확장

러시아의 건국 · 8세기~9세기

스웨덴계 바이킹 '루시'가
슬라브인 땅에 러시아 건국

바이킹이 러시아의 여러 하천을 연결해 이슬람 상인과 교역

　유라시아 북부에 동서로 펼쳐진 러시아는 넓이가 1,707만 제곱킬로미터로 세계 최대의 영토를 자랑하고 있다. 이곳은 이슬람제국과 몽골제국이라는 '광의의 이슬람 세계' 전성기에 국가 골격을 갖추었고, 황제 표트르(Pyotr) 1세 시절에 '광의의 유럽'에 편입된 재미있는 나라이다.

　'러시아'는 이 지역의 옛 호칭인 '루시'와 라틴어의 지역 접미사 'ia'의 합성어로 '루시인의 땅'이라는 뜻이다. '루시'란 슬라브인의 땅에 진출한 스웨덴계 바이킹을 총칭한 말이다.

　러시아는 거대한 경제력을 가진 이슬람 상인의 영향을 받아 건국되었다. 발트 해(Baltic Sea)를 본거지로 하는 스웨덴계 바이킹이 러시

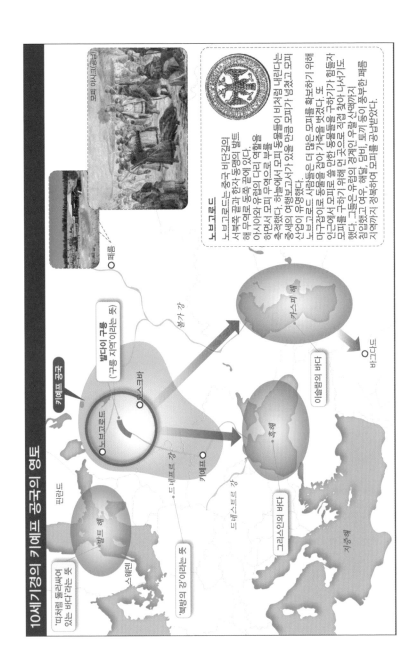

10세기경의 키예프 공국의 영토

'띠처럼 둘러싸여 있는 바다'라는 뜻

발트 해

핀란드

스웨덴

'북방의 강'이라는 뜻

드네프르 강

드네스트르 강

키예프

흑해

그리스인의 바다

지중해

노브고로드

무르스크바

밭다이 구릉
(구릉 지역'이라는 뜻)

볼가 강

키예프 공국

페름

모피 아 사르클라오(팜판)

카스피 해

이슬람의 바다

바그다드

노브고로드

노브고로드는 중국 비단길의 서북쪽 끝과 한자 동맹의 발트 해 무역도 동쪽 끝에 있다.

아시아와 유럽의 여러 나라의 역할을 하면서 모피 무역으로 부를 축적했다. 하늘에서 머리 동물들이 비처럼 내린다는 중세의 여행보고서가 있을 만큼 모피가 넘쳤고 모피 산업이 융성했다.

노브고로드 사람들은 더 많은 모피를 확보하기 위해 마구잡이로 모피로 동물들을 잡아 가죽을 벗겼다. 또 인근에서 모피로 쓸 만한 동물들을 구하기가 힘들어서 모피를 구하기 위해 먼 곳으로 직접 찾아 나서기도 했다. 그들은 유럽의 경계인 우랄 산맥까지 침입했고 여우 해달 담비, 토끼 등이 풍부한 페름 지역까지 정복하여 모피를 공급받았다.

아의 강을 경유해 이슬람 세계와의 교역에 나선 것이다. 스칸디나비아 반도와 유럽 사이에 있는 발트 해의 이름은 라틴어의 '발테우스(Balteus : '띠'라는 뜻)'에서 유래했으며, '띠처럼 둘러싸여 있는 바다'라는 뜻이다. 발트 해의 독일어 이름은 '오스트제(Ostsee)'로 '동쪽 바다'라는 말이다.

스웨덴계 바이킹은 발트 해로 흘러드는 모스크바(Moskva : '모스크바 강'에서 유래) 북서 해발 약 300미터의 발다이 구릉을 원류로 하는 여러 하천과 카스피 해, 흑해(Black Sea)로 흘러드는 볼가 강, 드네프르 강의 여러 하천을 바닥이 낮은 바이킹 배로 연결해 이슬람 세계로 나아갔고, 모피와 벌꿀, 슬라브인 노예 등을 전했다.

'새로운 도시' 노브고로드는 바이킹이 건설한 모피의 집산지

러시아 북서부 일리메니 호(湖) 북안의 도시 노브고로드('새로운 도시'라는 뜻)는 러시아어의 '노브(새로운)'와 '고로드(도시)'의 합성어로, 슬라브인이 '루시(배 젓는 사람이라는 뜻)'라고 불렀던 바이킹이 건설한 모피의 집산지였다. 이 지역에는 11세기에 건설된 크렘린(Kremlin : 성과 요새)과 성 소피아 대성당(Saint Sophia Cathedral) 등 러시아 초기 석조 건축이 다수 남아 있다.

한편, 투르크계 유목민이 중앙아시아의 대초원에서 볼가 강 하류 지역을 포함한 초원 지대로 세력을 뻗치자, 루시와 이슬람 세계는 단절되었다. 그 결과 루시족은 고립된 산림 지대에 촌락을 조직해서 키

노브고로드 시장, 1909년, 아폴리네르 바스네조브

예프(Kiev) 공국을 건설한다.

수도 키예프는 '러시아 여러 도시의 어머니'라고 불리는 드네프르 강 왼쪽에 위치한 아름다운 도시인데, 이 명칭은 비잔티움제국과 교역하기 위해 도시를 건설한 바이킹의 세 형제 가운데 장남인 '키이'의 이름을 어원으로 한다. 한편 11세기 초반, 키예프에 건설된 성 소피아 대성당은 창건 당시에는 13개의 돔을 가진 5랑식(廊式) 대(大)건조물이었다.

코사크족이 모피 얻기 위해
100년 동안 시베리아 정복

몽골 지배를 벗어난 모스크바대공국은 '제3의 로마제국' 자칭

러시아는 유라시아의 정세가 변화할 때마다 직접적인 영향을 받아 왔다. 그리고 몽골제국 시대 때 제2대 변동기를 맞게 된다.

몽골인은 중앙아시아에서 진출해 13세기에 키예프 공국을 멸망시키고 볼가 강 하류 지역에 위치한 사라이(Sarai)에 본거지를 마련했으며, 무려 200년 동안이나 러시아를 지배했다. 이 시기 이루어졌던 몽골인의 지배를 러시아에서는 '타타르(Tatar : 몽골인이라는 뜻)의 멍에'라고 한다.

15세기 말이 되면서 러시아는 '러시아의 성스러운 어머니'라고 불린 모스크바를 중심으로 겨우 몽골인의 지배에서 벗어났다. 이것이 바로 모스크바대공국이다.

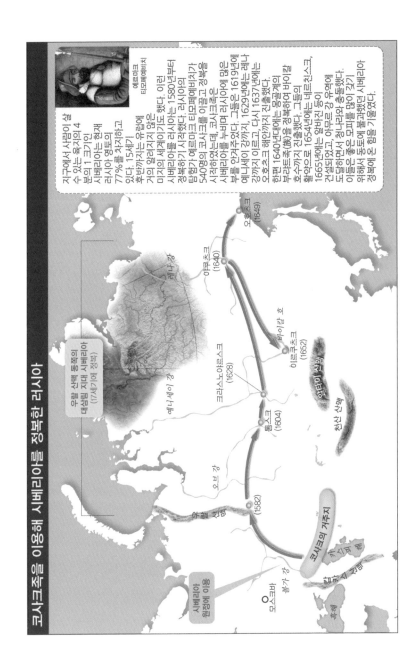

코사크족을 이용해 시베리아를 정복한 러시아

시베리아 행정에 이용

모스크바

볼가 강

코사크의 거주지

야쿠트 산맥

(1582)

오브 강

톰스크 (1604)

크라스노야르스크 (1628)

이르쿠츠크 (1652)

바이칼 호

천산 산맥

알타이 산맥

예니세이 강

레나 강

우랄 산맥 동북의 메성림 지대 시베리아 (17세기에 정복)

야쿠츠크 (1640)

오호츠크 (1649)

예로마크
티모페예비치

지구에서 사람이 살 수 있는 육지의 4분의 1 크기인 시베리아는 현재 러시아 영토의 77%를 차지하고 있다. 15세기 후반까지는 유럽에 거의 알려지지 않은 미지의 세계이기도 했다. 이런 시베리아를 러시아는 1580년부터 정복하기 시작했다. 러시아의 탐험가 예르마크 티모페예비치가 540명의 코사크를 이끌고 정복을 시작했는데, 코사크족은 시작했는데, 코사크족은 부를 안겨주었다. 그들은 1619년에 예니세이 강까지, 1629년에는 레나 강까지 이르고, 다시 1637년에는 오호츠크 해안까지 진출했다.

한편 1640년대에는 몽골계 부랴트족(族)을 정복하여 바이칼 호수까지 진출했다. 그들이 활약으로 1654년에는 네르친스크, 1665년에는 알바진 등이 건설되었고, 아무르 강 유역에 도달하면서 청나라와 충돌했다. 이들은 좋은 모피를 많이 얻기 위해서 동토에 불과했던 시베리아 정복에 온 힘을 기울였다.

모스크바대공국에서는 비잔티움제국 마지막 황제의 질녀와 이반 (Ivan) 3세 사이에서 태어난 이반 4세 이후의 왕은 '차르(tsar : 황제)'라고 칭했으며, 로마제국과 비잔티움제국에 이어 '제3의 로마제국'이라고 자칭했다.

모스크바(Moskva)는 12세기의 호칭인 '나 모스코비'에서 유래한 것이다. '나'는 전치사이고 '모스코비'는 '모스크바 강'을 뜻하는 것으로, 전체적으로 '모스크바 강 언저리'라는 의미이다. 모스크바는 모스크바 강과 여러 운하, 볼가 강에서 발트 해, 백해(White Sea), 흑해, 카스피 해, 아조프(Azov) 해로 이어지는 수로의 요충지이다. 또한 강 북쪽에는 작은 언덕이 있는데, 이 위에 크렘린 궁전이 자리 잡고 있다. 이는 러시아어로 '성채(城砦, 성과 요새라는 뜻)'를 의미하는 '크렘리'의 영어 이름이다.

한편, 다시 일어선 러시아 사회에도 불안정 요인이 하나 있었다. 그것은 바로 터키계 유목민과 유목화된 러시아인으로 구성된 옛 지배층 '코사크'였다.

코사크로 인해 사회가 불안해지자, 동서로 약 4,000킬로미터에 이르는 시베리아 정복에 코사크를 이용하기에 이른다.

코사크족은 시베리아를 정복하면서 오호츠크 해까지 도달

시베리아는 우랄(Ural) 산맥 동쪽의 대(大)삼림 지대로 러시아어 '시비르(Sibir)'를 어원으로 하고 있다. 이는 몽골어로 '습지대'라는 뜻이며, 16세기 우랄 산맥 서쪽에 있던 시비르한국(Sibir Khanate)에서 유래한 말이다.

러시아가 시베리아를 정복한 것은 외화 획득의 유력한 수단이 된 검은 담비 등의 모피를 세금으로 징수하기 위해서였다. 러시아 본토에서는 남획으로 인해 귀중한 모피가 고갈된 상태였기 때문이다.

코사크는 흑해와 캅카스(Kavkaz) 산맥 북쪽부터 알타이(Altai) 산맥에 펼쳐진 초원의 거주민으로, '아타만'이라는 장로가 이들을 이끌었다. 코사크는 '자유인'을 뜻하는 터키어의 '카자크'에서 유래한 말이다. 이들은 광대한 시베리아 대지를 남북으로 흐르는 대(大)하천을 연수육로(連水陸路 : 물과 함께 이어진 길)로 연결하면서 과거 스웨덴계

코사크족이 시베리아에서 모피를 거래하고 있는 모습, W-C

바이킹이 러시아의 땅에서 행했던 것처럼 18세기 전반까지 약 100년 동안 시베리아를 정복한다. 러시아가 시베리아를 정복하는 과정에서 건설한 거점 도시를 서쪽부터 열거하면 다음과 같다.

① 1604년에 시베리아 서부의 오브(Ob' : 상류 지방 주민의 페르시아어 이름인 '아부(물, 강)에서 유래) 강의 지류 도하 지점에 건설한 톰스크(Tomsk : '가득 찬 강의 도시'라는 뜻).

② 1628년에 시베리아 중앙부의 예니세이(Enisei : 원주민의 말로 '대하'라는 뜻) 강의 도하점에 요새를 건설한 크라스노야르스크(Krasnoyarsk : '아름다운 절벽 마을'이라는 뜻).

③ 1640년에 북극해로 흐르는 시베리아 동부의 대하 레나(Lena : 원주민의 언어로 '대하'라는 뜻) 강 중류에 모피와 금의 집산 도시로서 건설한 야쿠츠크(Yakutsk : '야쿠트인(人)의 마을'이라는 뜻). 이 야쿠츠크는 나중에 극동의 식민 거점이며 유형지로 성장했다.

④ 1652년에 바이칼(Baikal) 호의 남서 약 65킬로미터 지점에 위치한 이르쿠트 강과 앙가라(Angara) 강의 합류점에 코사크의 월동 거점으로 건설한 이르쿠츠크(Irkutsk : 원주민의 언어로 '급류의 마을'이라는 뜻). 이곳은 몽골과 중국으로 통하는 루트의 기점이 되었으며, 모피와 금의 교역 장소로 성장했다.

이들 거점 도시를 연결해 루트를 개척한 코사크는 원주민에게 모피세(稅)를 부과하면서 1649년에 오호츠크 해(Sea of Okhotsk)에 도달했고, 뒤이어 오호타 강 하구에 항구 '오호츠크'를 건설했다. 오호츠크는 이 지역의 원주민인 퉁구스인의 언어로 '강 마을'이라는 뜻이다. 오호츠크 해의 이름은 이 항구에서 유래했다.

19세기 후반이 되면서 러시아는 코사크를 기마대로 이용해 중앙아시아의 터키계 유목민이 거주하는 카자흐와 키르기스, 타지크, 투르크멘, 우즈베키스탄 등의 여러 지역을 정복해 러시아령 투르키스탄(Turkistan : '터키인의 땅'이라는 뜻)을 만들었다. 삼림 민족인 러시아인이 과거 자신들을 지배했던 중앙아시아 유목민에게 역습을 가한 것이다. 참으로 역사의 아이러니가 아닐 수 없다.

네덜란드와 영국을 동경한 표트르 1세가 대양으로 진출

표트르 1세는 아시아 무역 루트를 개척하면서 대서양에도 진출

러시아를 '아시아 국가'에서 '유럽 국가'로 바꾼 사람은 표트르 1세 (재위 1682~1725)였다.

3세 때 황제가 된 표트르는 외국인 가정교사와 외국인 거류지에 사는 사람에게서 서구의 기술과 군사, 해양 기술을 배우면서 성인이 되었다. 그는 해양 국가 네덜란드와 영국을 동경했고, 바다의 세계로 웅비하는 날을 꿈꿨다. 그래서 표트르는 '광의의 유럽'에 편입되는 길을 선택했다.

그는 1696년 러시아 최초의 해군인 볼가 강 하천함대를 편성해 오스만투르크제국에서 군사 요새인 아조프를 빼앗아 흑해로 나가는 출구를 확보했다. 다음 해 표트르는 사절단에 참가해 서유럽의 여러 국

폴타바 전투에서의 표트르 대제, 1717~1718년, 루이스 카라바크

가를 방문했고, 900명이나 되는 장인과 기술자를 러시아에 초대해 기술을 도입했다. 또 서유럽과 연결되려면 발트 해 동부의 지배권을 가져야 한다는 생각을 가지고 발트 해의 패자였던 스웨덴과 북방 전쟁(1700~1721)을 벌였다.

고전을 면치 못하던 러시아군은 군사를 재정비한 다음 연전연승하며 결국 1721년 스웨덴과 조약을 체결했고, 이로써 발트 해의 패자로 군림했다.

표트르는 상트페테르부르크에 항해학교를 설립했고, 1715년에는 상급 기관으로 해군 아카데미를 창설했다. 그는 적극적으로 아시아와의 무역 루트를 개척하면서 유럽의 대양 세계에도 진출했다.

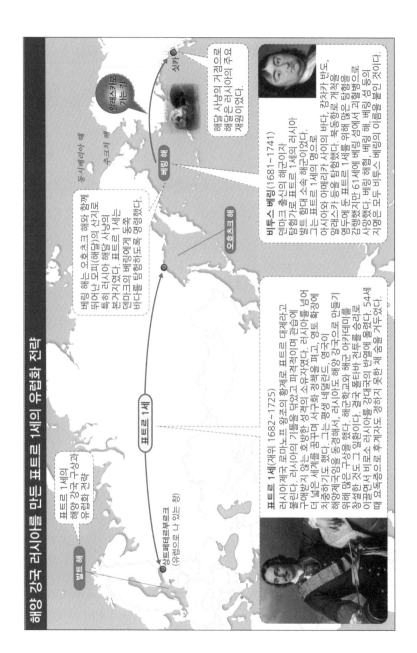

해양 강국 러시아를 만든 표트르 1세의 유럽화 전략

발트 해
표트르 1세의 해양 강국 구상과 유럽화 전략

상트페테르부르크
(유럽으로 나 있는 창)

표트르 1세

베링 해는 오호츠크 해와 함께 뛰어난 모피(해달)의 산지로 특히 러시아는 해달 사냥이 본거지였다. 표트르 1세는 덴마크의 베링에게 동쪽 바다를 탐험하도록 명령했다.

위래스카로 가는 길

시카

해달 사냥의 거점으로 해달은 러시아의 주요 재원이었다.

동시베리아 해

추크치 해

베링 해

오호츠크 해

비투스 베링(1681~1741)

덴마크 출신의 해군이자 탐험가로 표트르 1세의 러시아 발트 함대 소속 해군이었다. 그는 표트르 1세의 명으로 아시아와 아메리카 사이의 바다, 캄차카 반도, 알래스카 등등을 탐험했다. 북동항로 개척을 위해 많은 섬과 항로를 발견했다. 표트르 1세를 위해 항로를 탐험했지만 61세에 베링 섬에서 괴혈병으로 사망했다. 베링 해협, 베링 해, 베링 섬 등이 그의 이름을 후세에 남겼다. 지명은 모두 비투스 베링의 이름을 붙인 것이다.

표트르 1세(재위 1682~1725)

러시아제국 로마노프 왕조의 황제로 표트르 대제라고 불린다. 러시아의 기틀을 닦았고 파격적이며 권위에 구애받지 않는 호방한 성격의 소유자였다. 러시아를 넘어 더 넓은 세계를 꿈꾸며 서구화 정책을 펴고, 영토 확장에 치중하기도 했다. 그는 평생 네덜란드, 영국이 해상제국임을 동경했었고, 러시아도 해상 강국으로 만들기 위해 많은 구상을 했다. 해군의 교와 해군 전투를 아카데미를 창설한 것도 그 일환이다. 결국 흑타바 전투를 승리로 이끌면서 비로소 러시아를 강대국의 반열에 올렸다. 54세때 유독증으로 후계자도 정하지 못한 채 숨을 거두었다.

덴마크 출신의 베링이 베링 해에서 해달의 집단 서식지를 발견

1724년, 표트르 1세는 북극해를 경유해 중국, 인도와 무역 루트를 개발하고자 했는데, 루트를 개발하려면 시베리아와 북미 지역이 연결되어 있는지 여부를 조사해야 한다고 판단했다. 그래서 그는 죽기 3주일 전에, 20년 동안 러시아 해군에 근무했던 덴마크의 베링(Vitus Bering)에게 탐험대를 조직하라고 명령했다. 명령을 받고 출발한 베링은 1741년 알래스카 만에 도달했으며 돌아오는 길에 알류샨(Aleutian) 열도를 발견했다.

베링의 이름은 베링 해와 베링 해협 등을 보면 알 수 있듯이 지명을 통해 오늘날까지 남아 있다. 그러나 그의 가장 큰 공적은 알래스카령 발견이 아니었다. 그것은 바로 베링 해에서 엄청난 무리의 해달을 발견한 일이다.

추운 바다에서 서식하는 족제빗과의 동물인 해달은 모피에 기포가 들어 있어 그것으로 체온을 유지한다. 해달 한 마리의 모피는 대개 8억 개에서 10억 개 정도의

모피상 니콜라스 루츠의 초상, 1631년, 렘브란트, 미국 뉴욕 프릭 컬렉션

면모(綿毛)로 이루어진 것으로 추정되며, 밀도는 1제곱센티미터당 10만 개에서 14만 개 정도이기 때문에 전 세계에서 가장 좋은 모피로 손꼽힌다.

게다가 해달은 알래스카 연안과 쿠릴 열도의 켈프(다시마류) 지역에 백수십 마리부터 수십 마리 단위로 서식했기 때문에 포획하기가 아주 쉬웠다.

이 해달 모피는 러시아 왕실에 막대한 수익을 가져다주었다. 그래서 러시아는 즉시 알래스카에 진출해 태평양 상의 바라노프 섬에 싯카라는 거점 도시를 만들어 해달을 대량으로 포획했다. 참고로 알래스카는 베링 해에서 활약했던 바다의 수렵민인 알류트인의 언어로 '본토', '광대한 토지'라는 뜻이다.

그런데 17세기에 30만 마리가 있던 것으로 추정되던 북태평양의 해달은 러시아의 모피 상인 등이 남획한 결과 급속히 수가 줄어들어, 결국은 2천 마리 정도까지 감소하고 말았다. 이에 따라 '부드러운 황금'이라고 불렀던 해달 모피로 막대한 수입을 얻은 러시아는 알래스카를 불과 720만 달러에 미국에 매각했고, '사할린 · 쿠릴 열도 교환조약'을 통해 사할린에서 거주하는 조건으로 쿠릴 열도를 일본에 인도하면서 아시아의 바다에서 후퇴했다.

러시아가 유럽으로 나가는 출구, 상트페테르부르크

북방 전쟁이 한창이던 1703년, 표트르는 '유럽을 향해 열린 창'을 만들기 위해 발트 해의 핀란드 만으로 흘러드는 네바(Neva) 강 하구의 습지를 매립해서 항만 도시 상트페테르부르크를 건설했다. 이곳은 과거 스웨덴의 요새가 있던 땅이었다.

상트페테르부르크는 예수의 사도인 '성 베드로'에서 유래한다. 표트르라는 이름이 베드로의 러시아식 이름이며, 베드로가 표트르의 수호성인이었다는 점 때문에 이름을 이렇게 정했다고 한다.

상트페테르부르크는 요새인 페트로파블로프스크(Petropavlovsk)를 출발점으로 하는 군사도시였지만, 1712년에 이 상트페테르부르크를 수도로 정한 뒤, 바로크풍의 궁전인 '겨울 궁전' 등을 건설했다. 겨울 궁전은 역대 황제가 겨울 동안 거주하는 곳이었는데, 오늘날에는 에르미타주 미술관의 일부가 되었다.

상트페테르부르크라는 명칭은 제1차 세계대전이 시작되면서 러시아풍의 페트로그라드로 개칭했다. 그러나 러시아 혁명 지도자인 레닌이 죽자 1924년에 레닌그라드로 바뀌었으며, 그 후 1991년에 소련이 붕괴하면서 다시 상트페테르부르크가 되었다.

에르미타주 미술관(겨울 궁전)

극동 진출을 노리던 러시아, 마침내 연해주를 손에 넣다

청나라와 러시아는 장대한 국경을 맞대고 있어 분쟁이 잦았다

청나라와 러시아제국은 장대한 국경을 접하고 있는 만큼 분쟁도 많이 일어났다. 특히 양국의 분쟁의 장이 된 것은 국경을 따라 약 1,600킬로미터를 흘러 마지막에는 타타르 해협으로 흘러드는 길이 약 4,350킬로미터의 흑룡(黑龍 : '용처럼 검게 소용돌이치는 강'이라는 뜻) 강이었다. 러시아에서는 이 강을 아무르(퉁구스어로 '검은 강') 강이라고 한다. 이 아무르 강의 빙하군이 오호츠크 해로 흘러나와 플랑크톤을 많이 길러내는 '유빙'이 된다.

17세기 후반 코사크가 아무르 강 유역으로 진출하자, 두 제국 사이에 국경을 확정지려는 기운이 높아졌다. 따라서 1689년, 자바이칼('외(外) 바이칼'이라는 뜻, 바이칼 호의 동쪽을 가리킴)의 네르친스크

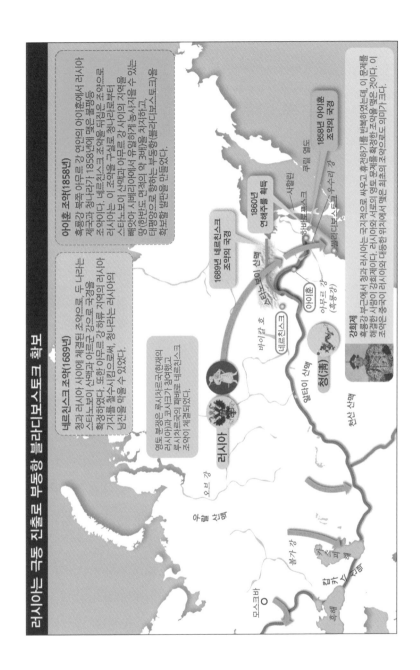

러시아는 극동 진출로 부동항 블라디보스토크 확보

네르친스크 조약(1689년)

청과 러시아 사이에 체결된 조약으로 두 나라는 스타노보이 산맥과 아르군 강으로 국경을 확정하였다. 또한 아무르 강 하류 하류 지역의 러시아의 기지를 철수시킴으로써, 청나라는 러시아의 남하를 막을 수 있었다.

영토 분쟁은 루시차르국(현재의 러시아)과 크네르친스크 양국의 패배로 네르친스크 조약이 체결되었다.

아이훈 조약(1858년)

흑룡강 북쪽 아무르 강 연안의 아이훈 중에서 러시아 제국과 청나라가 1858년에 맺은 불평등 조약이다. 네르친스크 조약을 뒤엎고 조약으로 러시아는 이 조약을 구실로 청나라로부터 스타노보이 산맥과 아무르 강 사이의 지역을 빼앗아 시베리아에서 유일하게 농사지을 수 있는 땅(한반도 면적의 약 3배)을 차지하고, 태평양으로 향하는 부동항(블라디보스토크)을 확보할 발판을 만들었다.

1689년 네르친스크 조약의 국경

1860년 연해주를 획득

1858년 아이훈 조약의 국경

쿠릴 열도

사할린

하바롭스크

블라디보스토크 우수리 강

시호테알린 산맥

아이훈
아무르 강
(흑룡강)

네르친스크

바이칼 호

청(淸)

강화제
흑룡강 부근에서 청과 러시아는 국가적으로 싸우고 휴전하기를 반복하였는데, 이 문제를 해결한 사람이 강희제이다. 러시아와 서로의 영토 문제를 확정한 조약을 맺은 것이다. 이 조약은 중국이 러시아와 대등한 위치에서 맺은 최초의 조약으로도 이미가 크다.

알타이 산맥

러시아

오브 강

아랄 산해

볼가 강

카스피 해

흑해

모스크바

천산 산맥

(Nerchinsk : '강의 도시'라는 뜻)에 양국의 교역장이 설치되었다. 그런데 1850년대가 되자, 러시아는 동시베리아의 자립을 요구하며 아무르 강 유역으로 주민들을 이주시켰다.

애로 호 사건의 북경 조약을 중개한 러시아가 연해주 획득

러시아는 영국과의 '애로 호 사건'을 비롯해 '태평천국의 난' 등 내우외환에 시달리던 청나라와 다시 국경을 확정짓는 협상을 시작했다. 그리고 1858년에 '아이훈 조약'을 체결함에 따라 두 나라의 국경은 아무르 강으로 정해졌다. 이에 따라 러시아는 그 강 왼쪽의 땅과 강의 항행권, 무역권을 획득했으며 하바롭스크(Khabarovsk) 부근에서 아무르 강으로 합류하는 900킬로미터 길이의 우수리(Ussuri) 강 동쪽은 양국이 공동 관리하기로 했다. 참고로 하바롭스크는 모피 상인 하바로프(Yerofey Khabarov)가 1658년 두 차례에 걸쳐 아무르 강 유역을 탐험해 아무르 강기슭에 요새를 건설한 것에서 비롯되었으며, 1858년에 이곳으로 이주가 시작되었다.

또 러시아는 1860년에 애로 호 사건으로 청나라와 영·프 양국의 강화(북경 조약)를 중개한 대가로 우수리 강 동쪽의 동해에 접한 광대한 '연해주(러시아에서는 연해라는 뜻의 프리모르스키라고 부른다)'를 획득했다. 연해주는 면적이 약 16만 5,900제곱킬로미터나 되며, 해안선의 총 길이가 1,350킬로미터에 이른다. 이 국경 라인은 오늘날에도 변함이 없다.

같은 해 러시아는 동해에 접한 표트르 대제 만에 러시아 태평양함대의 기지로 블라디보스토크(Vladivostok : '동방을 정복하라'는 뜻)를 건설했다. 이 블라디보스토크는 1888년에 연해주의 수도가 되었고, 1903년에 시베리아 철도가 개통되자 동쪽의 종착역이 되었다.

러시아 혁명으로 탄생한
소련이 69년 만에 해체!

러시아, 우크라이나, 벨라루스, 자카프카스 4개국의 소련 탄생

1917년에 일어난 러시아 혁명으로 로마노프 왕조가 무너지고, 노동자와 병사들에 의한 소비에트 정권이 탄생한다. 소비에트 정권은 구 러시아제국의 식민지를 그대로 계승했다.

러시아 혁명 후 정부는 1918년에 브레스트-리토프스크(Brest - Litovsk : 벨라루스 남서부의 가장 오래된 도시이며 현재의 브레스트, 폴란드어로 '느릅나무'라는 뜻)에서 강화조약을 맺고, 우크라이나와 폴란드, 발트 3국이 러시아에서 분리되는 것을 인정했다.

그 후 1918~1922년에는 소비에트 정권에 반대하는 국내 전쟁과 국외 전쟁이 이어졌다. 그동안 공산당(볼셰비키가 개칭)은 모든 공업을 국유화함으로써 농민에게서 강제로 곡물을 징수하는 등 가혹한

브레스트-리토프스크 조약의 첫 페이지, 1918년, W-C

경제 정책을 실시했다(전시 공산주의). 1921년에는 네프(신 경제 정책)로 전환해 한정된 범위 내에서 사기업을 인정하고, 서유럽 국가들과도 협조하는 정책으로 전환했다.

그리고 1922년에는 러시아와 우크라이나, 벨라루스(백러시아), 자카프카스(현재의 아제르바이잔과 아르메니아, 조지아)의 4개 공화국으로 구성된 '소비에트사회주의공화국연방(Union of Soviet Socialist Republics : USSR)'이 수립되었다(나중에 15개 공화국으로 증가).

레닌의 후계자 스탈린은 수백만 명을 숙청하는 공포정치로 유명

　1930년대 초반에 독재권을 확립한 레닌의 후계자 스탈린은 수백만 명의 희생자를 배출하는 철저한 숙청으로 권력을 확보했고, 5개년 계획으로 1국 사회주의 건설 노선을 추진했다. 그러나 1930년대 후반이 되면서 국제 정세가 더 긴박해지자 스탈린은 독일의 공격이 두렵기도 하고, 또 제1차 세계대전에서 잃은 옛 러시아제국의 영토를 회복하기 위해서 1939년 8월에 '독소 불가침조약'을 체결했다. 이

조지아 출신으로 공산주의에 감화되어 공산주의 운동가로 활동했으며, 1924~1953년에 소비에트연방공화국(소련)의 최고 통치자였던 이오시프 스탈린, 1937년, 아이삭 브로드스키

조약의 비밀 의정서에는 폴란드의 분할과 동유럽에 대한 독소 양국의 세력 범위가 명시되어 있다.

소련은 1939년에 폴란드 동부를 점령했고, 1940년에는 핀란드로부터 카렐리야(Kareliya) 지방을 획득했으며(소련과 핀란드 전쟁), 발트 3개국을 병합하고 루마니아에 옛 러시아령인 베사라비아(Bessarabya)를 할양받았다. 그리고 1941년에는 일본과 '소일 중립조약'으로 서로 상대방의 영토를 침범하지 않기로 약속했다.

그런데 독소 불가침조약을 맺었던 독일이 1941년 6월, 소련의 바쿠 유전(Baku oil field)을 지배하기 위해 소련을 침공했다. 불가침조약을 무시한 독일군에게 급습을 당한 소련은 그해 가을까지 소련의 영향력하에 있던 유럽과 러시아 지역 대부분을 빼앗겼으며, 레닌그라드(러시아의 혁명 지도자 레닌의 이름을 따서 명명. 오늘날의 상트페테르부르크)도 포위당했다. 포위 공격은 2년 반이나 계속되었고, 치열한 공방전이 계속되면서 희생자는 125만 명이 넘어섰다.

1942년, 독일군은 볼가 강 요충지인 스탈린그라드(지도자 스탈린의 이름에서 딴 것, 현재의 볼고그라드(Volgograd))를 공격했는데, 이 전투에서 소련군의 반격이 시작되었다. 동유럽과 독일로 진격한 소련군은 1945년 4월 22일에 베를린 교외에 도달했고, 5월 8일에 독일은 무조건 항복했다.

그 뒤 스탈린은 얄타 회담에서 맺은 미국과의 밀약에 따라 소일 중립조약을 파기하고, '만주'를 침공했으며, 쿠릴 열도와 하보마이(齒舞) 군도와 시코탄(色丹) 섬을 점령했다.

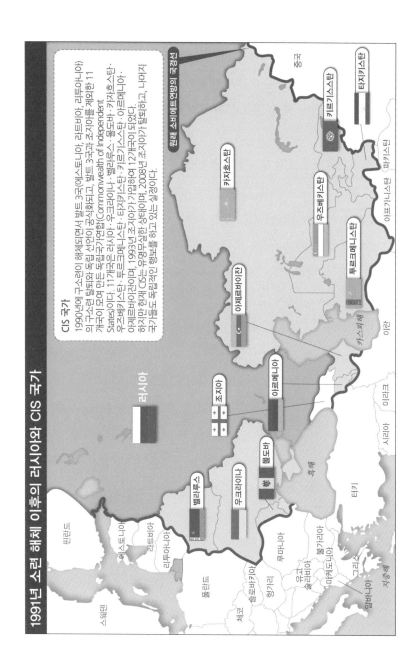

1991년 소련 해체 이후의 러시아와 CIS 국가

CIS 국가

1990년에 구소련이 해체되면서 발트 3국(에스토니아, 라트비아, 리투아니아)의 구소련 탈퇴와 독립 선언이 공식화되고, 발트 3국과 조지아를 제외한 11개국이 모여 만든 독립국가연합(Commonwealth of Independent States)이다. 11개국은 러시아·우크라이나·벨라루스·카자흐스탄·우즈베키스탄·투르크메니스탄·타지키스탄·키르기스스탄·아르메니아·아제르바이잔·몰도바이다. 1993년 조지아가 가입하여 12개국이 되었다. 하지만 현재 CIS는 유명무실한 상태이며, 2008년 조지아가 탈퇴하고, 나머지 국가들도 독립적인 행보를 하고 있는 실정이다.

원래 소비에트연방의 국경선

러시아

중국

카자흐스탄

키르기스스탄

타지키스탄

우즈베키스탄

투르크메니스탄

아제르바이잔

아르메니아

조지아

몰도바

벨라루스

우크라이나

핀란드

스웨덴

에스토니아

라트비아

리투아니아

폴란드

체코

슬로바키아

헝가리

루마니아

몰도바

불가리아

세르비아

알바니아

마케도니아

그리스

지중해

터키

흑해

시리아

이라크

이란

덴마크

아프가니스탄

파키스탄

카스피해

홋카이도의 시레토코(知床) 반도와 러시아의 캄차카 반도 사이를 가로지르는 쿠릴 열도는 현재도 여전히 러시아군이 점령하고 있으며, 러일 간에 이른바 '북방 영토 문제'로서 외교상 현안이 되고 있다.

서기장 고르바초프가 주도한 '페레스트로이카'와 소련의 해체

소련은 사망자 2천만 명이라는 제2차 세계대전의 심각한 상처도 치유하지 못한 채, 미국과 핵무기 미사일에 의한 군비 확장 경쟁과 지구 곳곳에서 대립하는 이른바 '냉전(1945~1989)'을 전개했다.

하지만 1980년대에 접어들면서 소련의 경제가 한계에 부딪혔고, 관료제로 인해 사회주의 체제가 경직되면서 국가적 어려움이 가중되었다. 이에 따라 1985년에 소련공산당 서기장에 취임한 고르바초프는 체제의 위기를 극복하기 위해 '페레스트로이카(개혁)'에 나섰다. 그런데 1991년, 연방 정부의 권한 축소(공화국의 권한 확대) 정책에 불만을 품은 측근이 쿠데타를 일으켰다. 비록 실패로 끝났지만 이 사건은 소련공산당의 해산과 소련의 해체를 불러왔으며, 동시에 독립국가연합(CIS)으로 이행하는 계기가 되었다. 1922년에 탄생한 소련의 69년 역사가 막을 내린 것이다.

지도로 읽는다
지리와 지명의 세계사 도감 ①

초판 1쇄 인쇄 ㅣ 2018년 5월 12일
초판 1쇄 발행 ㅣ 2018년 5월 14일
초판 2쇄 발행 ㅣ 2020년 3월 23일

지은이 ㅣ 미야자키 마사카츠
펴낸이 ㅣ 황보태수
기획 ㅣ 박금희
디자인 ㅣ 정의도, 양혜진
지도 일러스트 ㅣ 박해리
교열 ㅣ 양은희
인쇄 ㅣ 한영문화사
제본 ㅣ 한영제책

펴낸곳 ㅣ 이다미디어
주소 ㅣ 경기도 고양시 일산동구 정발산로 24 웨스턴타워 1차 906-2호
전화 ㅣ 02-3142-9612
팩스 ㅣ 070-7547-5181
이메일 ㅣ idamedia77@hanmail.net

ISBN 978-89-94597-86-7 (04900)
        978-89-94597-65-2 (세트)